2020年中国
数字财政年度报告

CHINA DIGITAL PUBLIC FINANCE
ANNUAL REPORT 2020

刘尚希　王文京 ／主编

中国财经出版传媒集团

经济科学出版社
Economic Science Press

2020 年中国数字财政年度报告

编委会

主　编：

刘尚希　中国财政科学研究院党委书记、院长、研究员

王文京　用友网络科技股份有限公司董事长

副主编：

傅志华　中国财政科学研究院副院长、研究员

蔡治国　北京用友政务软件股份有限公司总裁

执行主编：

王志刚　中国财政科学研究院宏观经济研究中心副主任、
　　　　财政大数据研究所所长

编写组主要成员：（以姓氏笔画为序）

王志刚　许　文　刘　铁　吴　娜　张　鹏　陈　旭

周　孝　施文泼　梁　季　董木欣　樊轶侠

序一

现代社会是一个风险社会，充满了各种风险和不确定性。工业化时代的确定性思维在应对风险和不确定性挑战方面显得力所不逮。伴随风险社会，人类同时进入数字化时代，与基于实体空间的工业化时代不同的是，数字化提升了人类生存发展的维度，各种各样的虚拟空间场景成为我们过去未曾感受过的新现实——虚拟现实。实体空间与虚拟空间、实体现实与虚拟现实的融合，颠覆了人类构建确定性的既有规则，风险和不确定性会进一步加剧。如果国家治理继续沿用传统的基于实体空间的治理理念和治理手段，不仅治理效能难以提升，原有的治理方式也会失效。数字化是一把"双刃剑"，既带来了新的风险，也提供了防范风险的新手段。数字政府、数字财政建设是数字化时代的必然选择。打造数字政府、数字财政，是为数字经济、数字产业、数字社会发展提供不可或缺的基础设施。

中国的数字经济发展具有巨大的市场规模优势，2020年的新冠肺炎疫情更是加快了全社会的数字化转型进程，中国已经成为全球具有举足轻重影响力的数字大国。可以说，在数字化时代，依靠大数据、云计算和人工智能，数字平台比以往更懂企业、更懂居民。政府依托数字平台，拥有了比以往更多、更精准的政策设计和实施场景，实体空间的传统管理将让位于虚拟空间与实体空间相结合的智能化管理。政策更加透明，服务更加高效，公共风险更加可控。

财政是国家治理的基础和重要支柱，相应地，数字财政是数字治理的基础和支柱。数字财政将会重构政府收入、支出的组织方式和流程，提高财政资金的配置效率和使用效果，以及财政运行的安全性、效率性和公平性。数字财政意味着预算制度、税收制度、税收征管、财政监督和财政政策将在数字化革命中被重新定义和组建，与数字经济、数字社会和数字治理相契合。同样地，数字财政并非朝夕可就，有很多基础条件并非牢固，数字财政建设任重道远。

2020年突如其来的新冠肺炎疫情给中国经济社会带来了意想不到的巨大冲击，公共风险急剧上升。为应对风险挑战，中央提出了"六稳"和"六保"政策，地方政府因地制宜采取了一系列政策措施，推动复工复产达产、复商复市，撬动居民消费需求，稳定各方发展的预期，在政府与市场的共同努力下，中国经济在第二季度转正，并保持平稳增长势头，公共风险进一步收敛。其间，建立了特殊转移支付机制以及全国县级财政库款监测机制，这些都是数字财政的有力举措，以现代数字科技为财政注入数字化之芯。同时，财政正在推进预算管理一体化改革，这是财政数字化建设的重大举措，对于数字财政建设有很强的助推作用，将进一步加快现代财政制度构建进程，减少公共风险的扩散和外溢效应，推动社会进步和经济高质量发展。

刘尚希
中国财政科学研究院党委书记、院长
第十三届全国政协经济委员会委员

序二

随着移动互联网、云计算、大数据、人工智能等信息技术应用快速发展，数字化浪潮带来的影响与转型是全方位的，加速推动了各类企业和公共组织的数智化进程以及数字经济的发展。如何提升政府效能，推动政策精准落地，实现公共服务便捷化，背后是对政府数智化发展的要求。数字技术不仅是构建敏捷、安全政府治理体系的基础性工具，还是现代财政治理的重要技术支撑。

财政数字化发展的核心，就是要用数字化、智能化手段服务于财政、税收、政府采购等公共政策决策。因此，财政数字化落地迫切需要实现"产学研用"的一体化。如何利用新技术和财政业务进行无缝对接，提升财政治理水平，是决定财政能否为经济社会发展提供强大支撑的关键所在。

数字财政不仅是数字政府的核心组成部分，也是我们数字社会的核心组成部分，财政治理要协调到人社、税务等政府组成部门，以及银行、企业等相关联组织，实现协同运转。数字财政的核心是数据驱动，财政数字化发展要以新规范和标准体系为基础，打造业务智能、管理现代、服务高效、监督有力、风险可控的数字财政系统，实现集中管控、分级运维、资源共享、协同理财。

新时期，财政数字化发展呈现出一些新变化。从政策要求变化来看，"一体化""集中化""大数据""云化"是财政数字化工作的重点；从用户使用角度来看，用户更倾向操作易用、业务便捷、查询智能的平台；从产业发展角度来看，"以购代建、多方协作"将是"政务云"的主流模式。技术创新与应用创新将是引领财政数字化发展的双轮引擎。

在新一代信息技术革命和新一轮财税体制改革背景下，用友紧紧把握财政三年规划和预算管理一体化规范要求，坚持数智化、一体化、信创发展方向，不断加强前沿研究、技术攻关和应用创新探索，用先进的信息技术为财政数字化赋予发展新动能。用友以"新生态底座 + 互联网新技术 + 政务集中管控、分级运营新应用架构"为策略，以移动互联网、云计算、大数据、人工智能等前沿技术为基础，推出

"政务云"以及大数据产品，形成以财政、财务等业务为核心的自主创新成果，利用数据中台实现海量数据资产化、智能化，打造智慧"政务大脑"和"财政大脑"。经过多年耕耘，用友在数字财政建设领域取得了丰富的案例实践成果。同时，用友不断推动数字前沿研究与探索应用，2019 年底，与中国财政科学研究院签署战略合作，共同成立"数字财政研究院"，推动研究资源与技术资源的有机对接，为数字财政建设作出更大贡献。

用友长期专注并持续领航企业和公共组织服务市场 32 年，是中国企业和公共组织数智化服务和信创升级的领先厂商。新时期，用友将坚持技术创新，深化行业经营，加快有效落地数字财政、数字政府建设，为政府治理现代化贡献力量。

用友网络董事长兼 CEO

前言

面临新冠肺炎疫情带来的前所未有的冲击和挑战，数字经济表现出极强的增长韧性，成为国民经济复苏和保持平稳发展的重要动能。同时，在疫情防控中，数字技术发挥了非常重要的作用，其应用范围不断拓展，向生产生活领域和公共治理领域广泛渗透。作为国家治理体系和治理能力现代化的重要支撑，政府数字化转型在新形势下变得更加重要和紧迫。

财政是国家治理的基础和重要支柱，财政数字化转型是政府数字化转型的重要组成部分，财政数字化转型的关键是打造数字财政。近年来，在全面实施预算绩效管理、推进预算管理一体化建设的背景下，各级政府加快开展数字财政建设，从不同方面积极挖掘财政大数据的经济社会价值，力图实现以技术进步推动现代财税制度不断优化。本书是中国财政科学研究院（以下简称"财科院"）和用友集团共同组建的数字财政联合研究团队的阶段性研究成果。本书对数字财政建设及其应用情况进行了系统梳理，总结了各地实践过程中的成功经验和现有不足，发掘了数字经济加快发展背景下数字财政的发展方向和优化路径，可为财政治理现代化建设提供决策参考。

全书由紧密相关的两部分内容组成：一是财政数字化转型；二是财政大数据应用。前者为后者提供必不可少的要素——数据，而后者则为前者提供前进的动力和技术支撑。

上篇"财政数字化转型"从理论层面着手，考察财政数字化转型相关问题。第一章系统分析了数字技术在财政各个领域中的应用价值和前景，明确了财政数字化转型的重要性和必要性。第二章以公共服务能力建设为切入点，更加深入地探讨财政数字化转型的内在价值。考虑到预算绩效管理的重要性，第三章着重讨论政府数字化转型背景下预算绩效管理面临的机遇与挑战，以及如何让政府数字化转型与全面预算绩效管理相结合，有效推进国家治理特别是财政治理的现代化。

下篇"财政大数据应用"从不同角度入手，剖析财政大数据在各级财政部门或各个业务领域的实际应用。为了科学、合理地评估财政大数据应用的现状，第四章首先构建财政大数据应用成熟度模型，初步确定了指标体系、数据来源和评估方法，待征求相关部门和人员的意见并修改完善后，将用于对全国财政系统的数字化、信息化水平进行研判。第五章提炼了应用支出数据进行相关分析的指标和方法，并基于相关案例进行了探索式应用；建立了利用大数据分析与预测国库资金规模、优化国库资金管理的基本模型，并基于典型案例进行效果验证。第六章和第七章均探讨税收相关问题。其中，第六章关注经济数字化背景下国际税收规则的发展，以便为我国税收政策体系的适应性调整提出建议；第七章则以"不可能三角"为理论基础，全面剖析区块链技术在税收征管中的应用前景、挑战与应对。受新冠肺炎疫情影响，我国经济下行压力增大，财政收入特别是税收收入受到较大冲击，第八章利用投入产出模型，以旅游业为例分析疫情对我国税收收入的影响和冲击，在此基础上提出了若干应对财政收支矛盾加剧风险的可行对策建议。第九章探讨智能会计发展对财会监督的影响，讨论了内涵、框架及对策。

本书编写组分工：第一章为王志刚研究员（财科院宏观经济研究中心副主任、财政大数据研究所所长）、董木欣（数字财务研究所助理研究员）；第二章为王志刚研究员；第三章为周孝博士（财科院教科文研究中心助理研究员）；第四章为顾焱（用友政务高级副总裁）、吴娜（用友政务大数据产品部经理）、苏延军（用友政务大数据产品部）；第五章为张鹏研究员（中国财政学会秘书处副处级秘书）、陈旭博士（财科院金融研究中心助理研究员）；第六章为樊轶侠研究员（财科院资源环境与生态文明研究中心）、王卿（财科院2019级财政学专业硕士生）；第七章为许文研究员（财科院公共收入研究中心副主任）、施文泼副研究员（财科院公共收入研究中心）；第八章为梁季研究员（财科院公共收入研究中心副主任）、刘昶（财科院公共收入研究中心助理研究员）；陈少波（财科院硕士）、吕慧（财科院博士生）、郭宝棋（财科院博士）；第九章为董木欣（财科院数字财务研究所助理研究员）。

本书是国内首部系统考察财政数字化转型和财政大数据应用的分析报告，我们希望能够吸引更多的企业、科研机构、科研人员来持续关注中国数字财政建设，共同推进财政治理现代化。未来我们将在各位专家、同行的指导下，进一步完善评估和分析数字财政的方法和指标体系，以期为各级财政部门提供理论指导和经验支持。

CONTENTS 目录

下篇　财政大数据应用

财政数字化转型

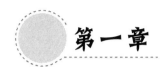

第一章

财政数字化转型加速到来

党的十九届四中全会通过的《中共中央关于坚持和完善中国特色社会主义制度 推进国家治理体系和治理能力现代化若干重大问题的决定》中指出，要"建立健全运用互联网、大数据、人工智能等技术手段进行行政管理的制度规则"。这一论述充分肯定了数字技术对政府治理的重要性。我国数字经济具有后发优势，以大数据、智能化、移动互联网、云计算、物联网和区块链等为代表的新兴数字技术，逐步成为我国新基建的重要技术保障和支撑。新冠肺炎疫情以来无接触经济活动的发展凸显了数字经济的价值，必将加速政府、企业、个人的数字化转型进程。财政作为国家治理的基础和重要支柱，是各种利益调节的枢纽，作为政府数字化转型的重要组成部分，财政数字化转型尤为关键，这一转型将助推政府数字化转型，以更好地将中国的制度优势转换为治理效能。

一、数字技术与财政管理

建立现代财政制度需要有现代财政管理模式，作为优化财政管理的数据基础，财政数字化转型会大幅提升数据的实时性、有效性和共享性。将数字技术融入数据生产与应用中，打造智能化、网络化和立体化的财政数据生态体系，正日益成为财政管理优化的新引擎。

（一） 构建以信息共享为基础的现代财政管理流程

财政管理最大的障碍来自信息不完善和不对称。利用大数据技术可以实现财政内生数据的汇聚，摸清数据家底，统一数据口径，打破信息壁垒，实现财政的数字化管理。各项传统财政工作内容存在无法交换共享的现象，影响了预算管理和政府决策，智能合约的自动化运行可以大幅提升财政管理效率。云计算技术具有高灵活性和拓展性等特点，通过虚拟平台对相应终端完成数据备份、迁移和拓展，可以突破资源调用时间和空间的界限。云计算平台的建立，可有效实现财政部门内部上下级、各机构之间的信息共享与互联互通，从而可以站在预算管理全流程维度，重新部署财政预算编制、执行、监督管理、绩效评价以及决算编制的各个流程，实现数据流与业务流的真正统一。

（二） 确立动态优化的财政监管与预警机制

利用大数据技术对海量数据进行实时监控，能够大幅压缩问题从发现到处理的时间，达到动态优化的效果，实现动态实时监控与风险预警。大数据为财政监督常态化开展提供了技术保障和数据支持，利用大数据技术对机构和业务进行持续监测和风险评估，可以动态掌握预算执行状态、风险变化态势等整体情况，从而有效防范市场风险，持续优化政府对市场主体的服务流程。

云计算平台对于海量数据的处理更加快速和及时，提高了财政监督管理效率。在纵向和横向维度上对数据资源进行统一处理应用，将进一步加强信息处理结果的可靠性和全面性，同时降低财政监管在数据采集、数据处理和数据发布流程上所花费的成本，突出监管工作重点，增强决策的精准性。

机器学习算法的优势在于解决各类复杂非线性问题，将机器学习应用于海量数据分析中，可以对未知状态作出有效预测，帮助政府从容应对不确定性。例如，在债务风险预警方面，通过机器学习，可以合理规划债务结构，避免因到期时间过于集中而造成到期债务集中偿付，从而有效分散地方政府债务风险。

（三） 建立"用数据说话"的宏观分析新模式

大数据是进行宏观分析的有力工具。利用大数据技术可以将各类宏观经济数据、社会数据与财政数据结合考察，开展综合数据的深度分析，对党中央、国务院提出的宏观政策目标进行分析、评估和预测，寻找最优的财政政策和宏观经济政策路径。相对于传统的数据分析工具，大数据技术对财政数据的获取、组织、分析更具优势，通过抓取和整合各部门不同层次的经济社会数据，对数据进行多主题、多层次、多角度的深度分析和利用，可揭示包括财政数据在内的经济数据之间的内在逻辑与联系，摸清客观规律，继而提高政府各部门之间的协同效率，为经济社会健康发展提供决策支持。

二、数字技术与财政收入

经济发展进入新常态后，财政收入难以再现以往的高速增长态势，同时财政支出增长保持刚性，财政收支平衡面临着巨大挑战。依托人工智能、区块链等数字技术，解决复杂、动态、精准化的财政收入应用场景，满足差异化要求并提供合理预测，成为优化财源建设，保基层运转、促民生发展的新着力点。

（一）以精准分析确保税收征管效率

人工智能（AI）技术可自主分析税收数据中的运行规律，通过对数据的加工处理进行自主判断、决策，使税收决策更加理性化、标准化，有效降低工作人员在数据分析过程中的主观影响，同时提高税收分析效率，有利于形成更加科学规范的税收治理格局。

一是提升税收征管资源配置的合理性。通过精准化投放纳税服务和税收优惠，人工智能可对纳税人的需求进行精确计算，使纳税服务更具针对性并减轻纳税人痛感。同时，人工智能技术从技术端对税收信用体系进行重构、改造和提升，将有效遏制数据造假问题，确保交易数据的真实性。

二是实现税收收入的有效预测。通过人工智能对历史积累数据的分析处理，可对税收收入进行合理预测。人工智能能够实现对实际征管情况的综合比对，从而进行更加有效的税源分析，形成完整的纳税群体画像，建立分析模型，预测税收收入的规模和增长情况，同时通过模型判断和风险分析，进行有效防控，实现精准治理。

(二) 建立统一公共支付平台，推进非税收入线上线下服务一体化

数字支付作为数字经济建设的核心技术和基础设施保证，近年来发展迅速，已成为我国发展数字经济的重要推动力。据普华永道会计师事务所 2019 年全球消费者洞察力调查统计，我国移动支付普及率高达 86%，位居全球第一，远高于其他移动支付市场地区，这为建设公共支付平台奠定了坚实基础。

推进数字政府建设，建立跨部门的协同平台尤为重要。依托数字支付技术、建立统一公共支付平台，可以为社会公众提供更加多元、便捷的智慧支付渠道，推进线上线下公共服务一体化。我国非税收入项目较多，执收主体多元，缴款人群分布广泛。统一公共支付平台为缴款人节约了不同部门之间转换、排队的时间，也节省了工作人员的办公时间，可以有效提高政务服务效率。尤其在新冠肺炎疫情期间，为避免现场办理导致人群聚集、交叉感染，各地政府对非税项目网上办理的探索与实践，无疑将统一公共支付平台建设与应用推上了新台阶。

(三) 利用区块链电子发票降低制度性交易成本

区块链具有不可篡改、信息透明、可追溯等特点，这些技术优势使得电子票据交易成为区块链技术极为天然的应用场景。利用区块链技术可加强电子发票全流程管理。区块链技术可以实现电子发票数据的统一和整合，利用区块链技术的去中心化特点，解决了不同系统间的数据"孤岛"问题。在区块链上确认后，票据的全部操作都会被实时记录，实现全流程路径追踪，同时完成发票数据自动备份，节约了人力、物力成本，也大大降低了各类寻租腐败行为发生的概率，提高了财政资金运行效率。

三、数字技术与财政支出

财政支出是财政调控的重要工具，财政支出结构体现调控的重点和方向，与财

政收入一样，财政支出的数字化同样有助于实现效率与公平的统一。受新冠肺炎疫情影响，财政支出上行压力加大，利用数字技术可有效提高财政支出管理效率，通过资金直达通道保障财政资金精准用在"刀刃"上。

（一）利用数字技术确保财政资金精准投放

李克强总理在 2020 年 6 月 9 日召开的国务院常务会议上明确指出，要建立特殊转移支付机制，将新增财政资金通过增加中央对地方转移支付、安排政府性基金转移支付等方式，第一时间全部下达市县。资金拨付重在高效，利用大数据技术分行业、分收入群体进行快速筛选，可精准定位地方受疫情冲击最大的中小微企业、个体工商户和困难群众，保证新增财政赤字和抗疫特别国债资金直达市县，建立健全县级基本财力保障机制，提高基层"三保"能力，切实落实"六保"任务，确保资金真正惠及困难群体。

（二）利用生物识别技术全面提升社保服务信息化水平

生物识别技术利用人体固有的生物特征对个人身份进行鉴定。生物识别技术可以更准确地识别个人及其相关活动，为政府和民众提供身份认证的官方鉴定手段，增强民事登记和国家身份认证系统的安全保障。

生物识别技术可以在公共服务领域进行推广，如社会保险收缴与领取系统。通过人脸识别技术对社会保险待遇资格人员进行随时、随地认证，可以实现异地缴费和领取，可有效填补扶贫资金和社保资金发放漏洞，同时解决部分贫困户与参保人员无法现场确认的难题，确保资金能及时发放到位。

目前，根据人力资源和社会保障部全面取消社保待遇资格集中认证的相关要求，各地政府陆续开展网上社会保险待遇资格认证工作，通过基于人脸识别技术的"国家社会保险公共服务平台"或官方指定手机 App 提供便捷安全的认证服务。对于异地居住的情况，参保人员不再强制要求返回参保地进行认证，利用手机摄像头即可进行身份验证，为信息采集和身份认证带来极大的便捷性，真正做到了"让数据多跑路，让群众少跑腿"。需要注意的是，在部分落后地区存在一些数字化瓶颈，如缺乏数字通信设备、人群缺乏数字技能、网络缺失等问题，还需要政府通过新基建投资来补齐数字基础设施短板，让数字技术应用的范围更广，覆盖人群更多。

四、数字财政推动财政治理现代化

在财政部财政大数据建设与应用等相关文件精神的指导下，地方财政的数字化转型也在进行中，尤其是沿海发达地区的财政部门具有良好的数字化基础设施和先进的治理理念，加快了财政数字化转型的进度，也让这些地区率先享受到数字财政红利。

在实际财政工作的应用中，各项数字技术往往是交叉使用在某一个业务领域，需要发挥数字技术的协同作用来取得更好的技术效果。例如，"大数据＋人工智能"可用于精准扶贫、财政资金和税收收入预测，基于"大数据＋云计算"建立的"政采云""政务云"对优化财政业务流程起到积极作用；人脸识别系统同时需要人工智能和云计算的支撑，综合运用大数据、人工智能、云计算等各项技术建立财政大数据平台，方可加快实现"数字财政"。

展望未来，以新兴数字技术为抓手，促进财政管理规范化、精准化、科学化水平，提高财政调控的精准度，提升公共服务供求匹配度，强化财政服务大局、引领经济社会健康发展的能力，将财政治理推向新的高度，都是财政数字化转型所追求的结果。

第二章

财政数字化转型、
数字财政与政府公共服务能力建设

信息不对称性和外部性会导致政府公共服务提供中的政府失灵、市场失灵现象，财政数字化转型有利于缓解这两类失灵现象。财政数字化转型通过改进政府公共服务决策、投入、产出与管理能力，进而全面提升政府公共服务能力。财政数字化转型是一项长期的系统工程，面临诸多现实挑战，本章就如何更好地发挥财政数字化转型对公共服务能力的助推作用提出了建设性的政策建议。

一、引言

自党的十八大以来，中国进入高质量发展的新时代，公众对公共服务数量与质量的期待不断提高，如何适应新形势，为公众提供更公正、更有质量、更贴合民众需求的公共服务，成为中国政府义不容辞的责任。同时，我们清醒地认识到，政府公共服务存在着能力不足的问题。近年来蓬勃兴起的数字化浪潮给政府公共服务能力提升带来了前所未有的机遇，政府数字化转型在各国纷纷展开，打造一个高效的电子政府或数字政府成为政府的必然选择，数字政府可以改进公共服务提供，增强政府与公众的良性互动，促进构建"韧性社会"（联合国，2018）。现实中，由于各国或不同地区制度文化的不同，政府数字化转型存在差异性，那些数字化基础好、人力资本素质高、相关配套制度完善的国家和地区更容易抓住机遇，因此国家和地区间的"数字鸿沟"依然存在，加剧了公共服务分布的失衡。

提供让人民满意的公共服务是服务型政府的基本要求。2003 年中国明确提出了建设服务型政府的目标，这意味着政府将不断扩展形成惠及全民、可持续发展的公共服务体系，更好地实现发展为了人民、发展依靠人民、发展成果由人民共享的理念。然而，除了一定的公共服务资金之外，公共服务更需要有效的治理机制来予以保障，数字技术为改善政府治理能力进而提高公共服务能力提供了新机遇。2016 年发布的《国家信息化发展战略纲要》标志着我国进入数字治理时代。2019 年党的十九届四中全会通过的《中共中央关于坚持和完善中国特色社会主义制度 推进国家治理体系和治理能力现代化若干重大问题的决定》提出要"建立健全运用互联网、大数据、人工智能等技术手段进行行政管理的制度规则""推进数字政府建设，加强数据有序共享"，为中国国家治理体系和治理能力现代化改革指明了方向，这场政府治理领域的供给侧结构性改革必将持续改善政府公共服务能力。

作为公共服务的主要参与者，财政已经深度融入公共服务的全过程中，可以说，每一项公共服务都离不开财政，财政数字化转型不仅是对财政自身治理能力的提升，关键是能对公共服务提供发挥"四两拨千斤"的乘数效应。国际经验表明，财政数字化转型对政府公共服务能力提升具有独特的意义，在 2020 年新冠肺炎疫情中财政数字化转型的意义更加凸显，财政部首次提出建立直达基层、直达民生的特殊转移支付机制，以此来落实中央提出的"六稳"工作和"六保"任务要求，如果没有财政数字化转型做支撑，政府公共服务的效率性、公平性目标就会大打折扣。要善于借助数字化浪潮积极推进财政的数字化转型，关键就是要打造数字财政，让数字财政成为数字政府的重要组成部分，以数字化转型提升政府公共服务能力。

二、财政数字化转型、数字财政与公共服务能力建设

从国家治理的高度来看，中国目前正在进行现代化转型，除经济体系现代化外，国家治理现代化转型尤为迫切，其中，公共服务供给是国家治理现代化改革的突破口，提供让人民满意的公共服务是我们的施政目标，也是改革的落脚点和出发点。政府在公共服务提供中扮演着极为重要的角色，如何提供有效的、公平的公共服务成为考验各级政府治理能力的试金石。财政数字化转型如何缓解公共服务提供中的

双重失灵问题？数字财政建设又面临哪些挑战？财政数字化转型可以从哪些方面来改进公共服务能力？本章将对这些问题一一进行阐述。

（一）财政数字化转型与数字财政

数字财政属于新生事物，国内外的研究并不多见，尤其在中国这样一个发展中大国，如何利用中国庞大的数字经济优势推进数字财政建设，具有非常重要的现实意义。王志刚和赵斌（2020）认为，数字财政是以财政大数据价值为基础、财政大数据应用为支撑，以现代信息技术（大数据、云计算、人工智能等）为主要手段，实现优化收支结构、提高效率以及促进公平的目标。数字财政充分体现了财政治理与数据治理的融合。其中，财政大数据的价值主要体现在财政大数据的质量上，要实现跨部门、跨级次的数据采集、整合和分析；此外，财政大数据的价值还体现在"三个满足"上，即满足决策者决策需要、满足财政管理需要、满足财政服务对象需要。财政大数据应用则需要结合各类财政业务（涵盖预算编制、执行、监督、评价等环节，以及收入、支出、资产、债务、扶贫、宏观调控等专题领域）来开展。现代信息技术包括大数据、区块链、人工智能等，需要以平台化、公开化、智能化、网络化为运行方式，为各级财政部门、预算单位、社会公众高效提供与其需求更加匹配的公共品或公共服务。

需要强调的是，数字财政与传统财政本质上都是一种国家分配活动，数字财政并非颠覆传统财政，而是让财政的资源配置、收入调节、稳定经济、经济发展等已有职能得到更好的发挥，让财政政策更加精准、高效。此外，数字化时代中数据成为一种新的生产要素，可以提高劳动、资本等的生产率，进而带动经济增长，也可以创造出新的财政收入；财政部门是重要的政府数据生产者、使用者，数字财政包含数据财政、财政数据、数字化管理等，是数字技术对财政收支活动全方位的重塑，未来或许会出现新的财政政策工具或职能。

财政数字化转型是一个长期的过程，自1994年的"金税工程"① 和1999年开

---

① 金税工程，是吸收国际先进经验，运用高科技手段，结合我国增值税管理实际设计的高科技管理系统。该系统由一个网络、四个子系统构成。一个网络是指国家税务总局与省、地、县国家税务局四级计算机网络；四个子系统是指增值税防伪税控开票子系统、防伪税控认证子系统、增值税稽核子系统和发票协查子系统。"金税工程"实际上就是利用覆盖全国税务机关的计算机网络对增值税专用发票和企业增值税纳税状况进行严密监控的一个体系。

始的"金财工程"①，这两大"金"字工程从收入管理、支出管理两个侧面推动了中国财税管理的信息化进程，初步形成了一套规范的财政数据标准体系，为之后的数字财政建设奠定了基础。2018年财政部召开网络安全和信息化领导小组会议，审议《财政部网络安全和信息化建设管理办法》，会议要求要大力推进信息系统集中化部署，支撑财政预算、国库管理业务横向到边、纵向到底的管理目标；积极开展财政大数据应用，着力推动财政网信工作从以"流程为主线"向以"数据为核心"转变，财政数字化转型随即加速。当前以预算管理一体化建设为标志，财政数据生产系统取得一定成效，而以财政大数据建设为主的应用方面还有很大提升空间，数据生产与应用同步推进，财政数字化转型不断加快。

（二）数字财政建设面临的五大挑战

数字财政建设涵盖的面极为广泛，短期内要有一套相对清晰的建设指南并非易事，需要在实践中不断总结提炼，这就需要政府、企业、学术界等各方加强对话交流形成共识，逐步探索形成一套科学的顶层规划，以系统化改革推动建设进程。当前，财政数字化转型面临以下五个方面的挑战。

1. 数字财政的理念尚未普及

数字财政不是简单的技术手段运用，而是一种先进的治理理念。将数字技术与财政业务进行深度融合，有助于实现政府、个人、企业之间的良性互动，让政府可以以更为精准的公共服务满足公众合理需求，提升公民的参与感和获得感，增强社会凝聚力。数字财政是现代财政制度建设的最优路径，对于改进财政管理绩效、政策绩效等具有划时代意义，要将其放在一个国家治理现代化的高度来认识，而不能仅仅视为一种技术。

2. 数据产权制度有待完善

2017年6月，《中华人民共和国网络安全法》（以下简称《网络安全法》）实

---

① 金财工程即政府财政管理信息系统（GFMIS），是利用先进的信息技术，支撑以预算编制、国库集中支付和宏观经济预测分析为核心应用的政府财政管理综合信息系统，是财政系统信息化建设目标和规划的统称。它是在总结我国财政信息化工作实践，借鉴其他国家财政信息化管理先进理念和成功经验的基础上提出的与我国建立公共财政体制框架目标相适应的一套先进信息管理系统，是我国正在实施的电子政务战略工程建设的重要组成部分。

施；2019 年 5 月，国家互联网信息办公室发布了《数据安全管理办法（征求意见稿）》，就重要数据和个人信息管理，向社会公开征求意见。分析这些制度内容，可以说，目前与数据产权相关的制度尚未出台。产权明晰是市场经济的基本前提，要形成规范、有序、高效、公平的数据市场，就必须建立起完善的数据产权制度，通过一系列规则，明确数据市场主体在数据生成、挖掘、加工、交易、应用以及监督与问责等方面的权责利。只有数据的权属得以明确、权利主体关系得以厘清，数据才能够成为可流通的具有经济价值的资产。建立数据产权制度，可以使产权主体的各项权利受到法律保护，使数据市场的各方参与者具备挖掘数据价值、创新商业模式的不竭动力，从而加速数据的流通与应用，促进数据产业生态系统的生成。

这里以数据产权不清晰导致的政府采购数字化转型困境为例。政府采购中将产生采购公告、合同、支付记录等各类采购数据，并集中存储于政府采购平台。对采购数据进行开发利用，是充分发挥政府采购数字化转型潜在作用的必然要求，而这涉及数据的管理权和使用权问题。现实中，电子商务平台经营者是平台数据的所有者，在不影响用户私人信息安全的前提下有权对数据进行开发利用。相比之下，政府采购平台所集成的采购数据并不存在明确的产权主体。政府采购数据源自各个分散的采购人，在一定程度上具有国有资产的性质。虽然每项数据都有对应的所有者，但数据集成后必然出现所有者缺位。同时，平台运营者虽然承担着数据的存储与管理职责，但却没有法律明确赋予其对数据的管理权和使用权。平台运营者可以将数据用于履行预警、监管、决策支持等公益职能，但若没有所有者为其授权，在对数据进行商业性开发利用方面必然受到一定的质疑和阻力，从而制约其基于采购数据更好地服务于各采购监管部门和市场主体、为社会创造更多的价值、促进和繁荣数字经济与数字政府建设。随着数字化政府采购的持续进行，政府采购平台集成的采购数据将越来越多。如果长期不明确管理权和使用权的问题，采购数据将会成为冗余资产，难以发挥政府数据资产的价值。数据规模的扩大只会增加政府采购平台运营商的存储与管理成本，却无法为其带来相应的收益。这一矛盾将严重抑制政府采购平台运营者的激励与活力，最终阻碍政府采购数字化转型的进一步发展。

3. 数字财政建设的基础有待夯实

数字财政首先要有一个较为完备的财政数字基础设施，即财政大数据平台，这里面既有数据生产系统，又有数据交换和使用系统。作为数据生产系统，预算管理一体化系统标准化建设还在推进中。预算管理一体化的基础是项目库管理，预算项目的定义、范围、管理标准的不统一会导致央地间、财政部门与其他非财政部门间的项目库管理难以衔接，不利于预算编审和全生命周期管理。现有的财政业务信息系统之间仍未形成统一的数据采集、交换、使用等技术或业务标准，上下级财政系统间的数据交换通道不畅，对外部数据的搜集、共享程度不够，导致单位信息、人员信息、资产信息、政府债务信息、支出标准、绩效指标、会计信息、采购信息、账户信息等基础信息还未能实现全覆盖。此外，各地的财政资金管理信息化进展不一，基层财政部门的数字基础设施薄弱，政策落地"最后一公里"面临挑战。

4. 数字财政需要的复合型人才不足

尽管数字技术已经有了很大的进展，但是如何将其与财政业务进行无缝衔接，需要进行详细的应用场景分析，也就是以问题为导向，这需要一批复合型人才。复合型人才供给已经成为数字财政建设的短板，无论是财政部门还是信息技术提供商内部都存在复合型人才短缺问题，这导致双方在合作中需要花费大量时间来进行沟通，从而延缓了相关系统建设进度。作为数字财政复合型人才的主要提供者，高校相关数字财政学科建设亦滞后。数字财政复合型人才供求失衡不利于数字财政建设，需要加强复合型人才培养、加快"产学研用"的深度合作，共同推进数字财政建设。

5. 数字财政需要加强国际合作

全球化带来人员、资金、技术、数据等要素频繁的跨国流动，随着经济数字化程度的提高，所有这些要素都可以浓缩为数据流动，数据信息可以迅即跨越国界，进而对全球产业链、国际贸易、资本流动等产生重要影响，给跨国税收协调、财政政策协调等带来新的挑战，这就需要加强国际合作，及时掌握各类数据信息，设计更好的国际数字财政合作机制，以更好地平衡全球利益分配，减少新的风险挑战。例如，科技跨国企业在母国之外的数字服务该如何征税、单边还是多边税收协议如何制定、适用生产地原则还是消费地原则等，这些都需要各国进行谈判磋商。

（三）公共服务提供中的市场失灵和政府失灵

公共服务不能仅靠市场或政府来提供，因为会存在市场失灵和政府失灵的双重失灵现象，下面我们结合公共服务提供来分别进行说明。

1. 信息不对称导致公共服务提供的市场失灵

如果政府无法对个体或企业的偏好信息或其他特征变量信息有一个相对准确的把握，就无法设计出更加有效的政府采购、社会保险或所得税制度，财政支出就难以精准匹配公众需求，因为政策有效性的前提是充分考虑到个人或企业对政策的行为反应；相反，如果政府掌握这些信息，就能够兼顾效率和公平，尽可能减少政府干预造成的福利损失，并带来资源配置效率的提高。

信息不对称影响公共服务能力的集中表现是委托—代理问题，不同主体有可能兼具委托人和代理人的双重角色。以政府分散采购为例，公众、立法机构、政府（财政部门）、预算单位、供应商之间就形成了多重委托—代理关系（见图 2-1）；如果取消预算单位采购权，而由政府统一的采购机构来进行集中采购，那么相关的链条会减少。链条越长，信息传递过程造成的扭曲程度越高，信息不对称程度就越高，这会造成大量的设租寻租机会，产生的租金将损害公众利益。

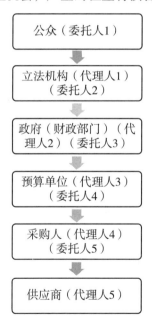

图 2-1　政府采购中的多重委托—代理关系

2. 外部性问题导致公共服务提供的市场失灵

传统财政理论表明，对于纯公共品属性的公共服务，个人偏好属于私人信息，人们并不知道消费者边际替代率的信息，现实中消费者往往不会真实报告其边际替代率，往往会低报以在获得公共服务的同时减少本应负担的费用，从而导致所谓的"搭便车"问题，使得公共服务提供不足。在制度不完善、技术能力不足的情况下，政府无法获取公众的偏好和支付意愿，同时难以有效地进行税收筹资，即使能够揭示消费者的偏好，税收计划是否能够得到有效执行也是一个问题。此外，一些公共服务不是纯公共品，但是具有一定的公共品属性（如医疗、教育和基础设施），具有正外部性或网络外部性，如果难以内部化，就会产生类似的问题，在大数据时代，对于这些问题都有相应的数字技术手段予以克服，能够对其外部性进行相对精确的评估。

3. 官僚体制下公共服务提供中的政府失灵

官僚体制会使公共服务出现多重政府失灵，主要表现在四个方面。一是行政效率低下。因为在公共部门没有像市场那样的利润目标从而导致激励不足，政府官员雇佣关系长期稳定（如行政机构和事业单位基本上是终身合同关系），政府雇员工作绩效无法得到有效评估，导致行政效率低下，公共机构更容易出现隐性失业，增加行政成本。此外，政府提供公共服务的经费来自纳税人，对节约成本和产出结果没有加以充分考虑，导致公共服务能力弱化。二是财政状况恶化。布坎南认为政府官员也是经济人，有扩大部门预算支出、提高待遇、增加政府权力等倾向。二战后，政府职能日益扩大，预算支出扩大，福利国家大量出现，而税收提高受制于议会和公众反对，导致这些国家主权债务膨胀，财政状况不断恶化。财政状况恶化，会导致政府公共服务缺乏必要的资金支撑，政府难以及时提供公共服务，更难说改进服务质量。三是对私人部门的挤出效应。政府部门的扩张导致对私人部门的抑制，公共支出上升同样会挤出私人部门的投资和消费，在预算平衡规则约束下税率可能会上升，也会扭曲居民与企业行为。公共服务一旦以政府为主导，容易导致公众对政府提供公共服务的依赖性，助长"搭便车"行为。四是官员考核带来的行为异化。例如，对官员的政绩考核集中在经济增长目标上面，因此在官员晋升锦标赛下，扩大各类投资是政府的首选，而并非将公共服务支出放在首位，这导致政府的财政支出结构发生扭曲（周黎安，2007）。此外，一些政府机构的官僚主义作风，会加剧公共服务的短缺或低效；公共服务亦可能受到特殊利益群体的监管俘获，加剧公共服务供给的不公平。

（四）公共服务能力的四个维度

总结已有研究可知，政府公共服务能力是指以政府为主的公共部门获取、配置、运用资源提供公共服务，以满足公众公共需求的本领，效率和公平是评价公共服务能力高低的标准。政府公共服务能力是一个隐变量，也是一个多维度的变量，包括公共服务的决策能力、公共服务的投入能力、公共服务的产出/供给能力、公共服务的管理能力四个方面（见图2-2），公共服务能力越强，政府提供公共服务就更有效率、更加公平。

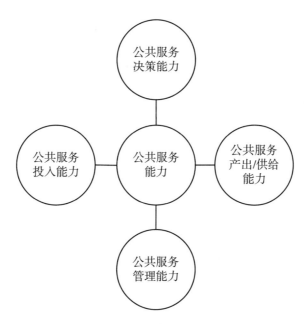

图 2-2　公共服务能力的四个维度

公共服务决策能力是指政府有关公共服务提供的决策本领，即提供什么样的公共服务，由哪个部门来提供，如何发挥政府、市场、社会的协同作用等。公共服务投入能力是指政府筹集各类资源的能力，包括如何筹措资金以及动员人力、物质资本、土地等资源投入，如何运用创新的方式来进行精准投入等。公共服务产出能力，或公共服务供给能力，是指要提供一定数量和质量的公共服务，提高公共服务的可得性、公平性，以更好地满足公众的公共需求。公共服务管理能力包括公共服务提供相关环节的管理能力，是指运用一系列制度来规范公共服务提供，及时回应社会关切，实现有效的、公平的公共服务供给，改善民众对公共服务的体验。这四个方面的能力相互影响，公共服务决策能力、公共服务投入能力、公共服务管理能力会对公共服务产出/供给能力产生综合影响。

（五）财政数字化转型和政府公共服务能力提升

财政数字化转型将直接或间接地改进政府公共服务决策能力、公共服务投入能力、公共服务产出/供给能力、公共服务管理能力，进而全面提升公共服务能力。

1. 财政数字化转型有助于改进政府公共服务决策能力

决策的科学化、民主化是社会主义民主政治建设的重要任务，财政数字化转型有利于提高公共服务的科学决策能力和民主决策能力。科学决策能力体现在财政部门利用大数据、算法、模型等手段来改进政策的质量，通过数字化技术来进行科学的制度、机制设计等方面。例如，财政部门通过各类互联网趋势指数等大数据技术识别出各类公共偏好的强弱以及真实支付意愿，从而设计出相对科学的预算安排和筹资机制，解决了公共服务定价和"搭便车"问题，对公共服务需求能够及时做出响应，更好地实现公共服务供求匹配。民主决策能力体现在财政预算公开上，财政部门通过各种渠道的预算信息公开，充分听取社会各界对预算安排的意见。

决策需要有良好的互动反馈机制，财政数字化转型强化了财政与公众之间的互动频率、沟通质量。例如，财政部网站上"交流互动"栏目中开辟了意见征集，部长信箱，网上信访，地方政府违法违规举债融资举报信箱，财政法规意见征集信息管理系统、咨询留言，以及财政信息化建设投诉、意见反馈等专栏，这些均有利于建立财政与公众之间的沟通交流机制。此外，除了每年"两会"上公布并接受审阅的财政预算报告外，2012 年财政部开始在一些地方举办"全国人大代表财政管理工作意见建议座谈会"，一些地方财政部门亦采取类似或不同做法，认真听取人大代表的意见，这实际上就是一种财政沟通，是对公共需求的积极响应，"两会"通过的预算安排已经得到充分体现。

2. 财政数字化转型有助于改进公共服务投入能力

财政数字化转型可以提高收入征管效率，在给定的税基下会提高税收收入。公共服务的资金来自财政收入，主要是一般公共预算收入中的税收和非税收入，还有其他账户的资金，如政府性基金收入中的行政性收费、国有资本经营预算中的利润上交、社会保险基金预算中的各类社会保险缴费等，财政数字化转型可以最大限度地降低收入征缴相关环节的信息不对称，改进征缴制度并提高纳税遵从度。另外，区块链电子发票系统可以追踪每笔交易的来龙去脉，防止税收流失，大规模交叉核对增值税（VAT）发票在技术上已经成为可能。例如，中国的"金税三期"工程从企业的收入、成本费用、利润、库存、银行账户、应缴纳税额等各个环节对企业进行监控，"金税三期"的大数据也可以对企业的资金流、票据流等进行跟踪，哪个环节出现漏洞就会发出预警，尤其是税务部门和银行的合作，更是让企业很多偷漏税行为无处遁形。包括税务部门在内，政府数字化极大地改进了政府数字化管理能力，财税部门的数据存储、分析、使用能力有了飞速提升，这些都为公共服务资金筹集提供了保障。各类非税收入征缴中，同样能够通过统一的公共支付平台来提高征收效率。数字财政把数据视为一种新的生产要素，这种新的生产要素在确权的前提下，部分能成为可交易的数据资产，这无疑将拓宽财政管理的范围，也会形成新的收入渠道。

3. 财政数字化转型有助于改进公共服务产出/供给能力

产出/供给能力表现在两个方面。一是产出/供给的效率性。数字财政以数字支付的方式提高了公共服务产出/供给能力，在既定的产出/供给下尽可能降低投入，或是在既定的公共服务资金投入下最大化产出/供给，可以降低所谓的"鲍莫尔病"① 带来的高成本，同时带动公共服务供给数量的增加。二是产出/供给的公平性。公平性就是要实现再分配功能，减少公共服务分布失衡带来的各类差距问题。例如，运用大数据分析来优化转移支付制度设计，提高转移支付对基本公共服务均等化的支撑力度，而且在"输血"和"造血"之间取得平衡，注重促进地方内生发展动力。再如，扶贫资金系统可以利用生物识别技术来实现精准识别、精准帮扶、精准管理、精准考核，建立覆盖中央—省—市—县四级的项目管理、资金管理、效

---

① 这是美国经济学家威廉·鲍莫尔在其1967年的一篇研究经济增长的论文中提出来的。他建立了一个两部门宏观经济增长模型，其中一个部门是"进步部门"（progressive sector），另外一个部门是"停滞部门"（nonprogressive sector，后来鲍莫尔常用 stagnant sector），进步部门生产率的相对快速增长将导致停滞部门出现相对成本的不断上升。他认为，如市政府服务、教育、表演艺术、饭店和休闲等很多服务部门都具有这一特征，整体上看，相对于制造业，服务业劳动生产率更难以提高，因而，随着制造业生产率的改进，服务业在整个经济中的比重反而上升了。

益评估体系，从而实现扶贫资金的有效使用。数字化技术能够对公共服务的归宿进行有效评估并进行政策调整，极大地提升公共服务的公平性。

4. 财政数字化转型有助于改进公共服务管理能力

公共服务管理除了加强内部控制外，主要体现在政府与公众之间的良性互动上，通过良好的组织制度设计来激励政府提供有效的公共服务。所谓有效提供，就是在既定的预算约束下尽可能地满足公众的合理需求，提供不足或过度都是无效的，需要有一个均衡点。数字技术可以减少由决策者和服务提供者之间的信息不对称导致的欺诈行为，强化政府官员的履责意识。通过数字化手段，公民或企业可以及时获取相关的财税政策或资金信息，对政府公共服务的数量和质量进行有效反馈，降低公众参与公共服务的门槛，让公共服务提供者能够实时听到真实、完整的公众诉求；财政部门通过微信、微博、网站、手机 App 等多种形式的渠道，实现部门预决算信息、绩效评价信息、政府综合财务信息等财政信息公开，[①] 2020 年财政部还发布了首份政策执行报告，即《2020 年上半年中国财政政策执行情况报告》，这些措施都提高了财政透明度，有利于社会各界对公共服务的监督，减少公共服务提供中的寻租腐败行为并改进公共服务质量。有的地方财政厅网站，如广东省财政厅网站，利用 AI 机器人来及时答复一些常规性问题，提供各类财税政策咨询服务，提高了公共服务的时效性、便捷性。此外，2018 年 9 月发布的《中共中央 国务院关于全面实施预算绩效管理的意见》中明确提出绩效评价要"创新评估评价方法，立足多维视角和多元数据，依托大数据分析技术，运用成本效益分析法、比较法、因素分析法、公众评判法、标杆管理法等，提高绩效评估评价结果的客观性和准确性"，为绩效管理和数字技术的结合指明方向。

总之，政府公共服务能力改进的效果如何，核心在于实现公共服务政策、项目、资金、服务对象的一体化，数字财政为此目标提供了可能。以往基于户籍的公共服务体系与人口流动带来了公共服务供需错位，为此，通过财政部门与其他部门的共

---

① 2020 年新修订的《中华人民共和国预算法实施条例》第六条规定，"一般性转移支付向社会公开应当细化到地区。专项转移支付向社会公开应当细化到地区和项目。政府债务、机关运行经费、政府采购、财政专户资金等情况，按照有关规定向社会公开。部门预算、决算应当公开基本支出和项目支出。部门预算、决算支出按其功能分类应当公开到项；按其经济性质分类，基本支出应当公开到款。各部门所属单位的预算、决算及报表，应当在部门批复后 20 日内由单位向社会公开。单位预算、决算应当公开基本支出和项目支出。单位预算、决算支出按其功能分类应当公开到项；按其经济性质分类，基本支出应当公开到款"。这是比较全面的预算公开内容的概括。

同推进,部分地区实现了医保异地结算、养老保险金异地领取、教育生均公用经费随人口流动等,"钱随人走"正逐步成为现实。在数字财政背景下,可以构建强大的公共服务大数据平台,基于此来进行资金征缴和拨付的数字化管理,全面实现公共服务政策、项目、资金、对象(居民、预算单位或企业)的"四位一体"(见图2-3),减少信息不对称带来的道德风险与逆向选择,可以大大提高财政资金的运行效果,极大地增强公共服务能力。当然,要最大化数字财政对公共服务能力的提升效果,必须要对现有财政体制进行系统性变革,包括各级政府间收入划分、财政事权与支出责任、转移支付体系等。

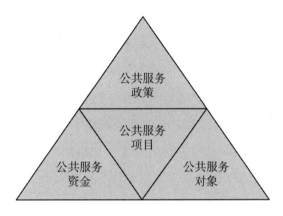

图2-3 数字财政下公共服务政策、项目、资金、对象的"四位一体"

三、政策建议

2020年突如其来的新冠肺炎疫情更加凸显了数字经济无接触服务的价值,政府、企业、个人的数字化转型迎来了加速发展的黄金期,财政作为国家治理的基础和重要支柱,如何借助财政数字化转型来提升政府公共服务能力显得尤为重要,为了更好地实现这一目标,本章给出如下政策建议。

一是要以新基建为契机夯实数字财政基础设施建设,全面提升公共服务能力。除了因地制宜加大网络通信等数字基础设施硬件建设外,还需要落实财政核心业务一体化规范和技术标准,建立有效的财政与其他政府部门、上级与下级财政之间的数据交换与共享机制,形成完备的数据采集、存储、处理、展示的数据治理体系。加快推广数字化政府采购平台、预算国库信息系统一体化等来打通财政资金通道,降低各类信息不对称性和政府行为扭曲现象，以财政资金拨付的公平性、效率性来改进部门公共服务能力，促进公共服务供求的匹配度，防止资金漏损或挪用，实现财政资金和财政政策工具的价值最大化，不断提升公众对公共服务的获得感和满意度。

二是探索建立部门公共服务质量指标体系，将其内嵌于财政预算绩效考核指标中。强化公共服务的预算绩效考核，研究建立一套公共服务质量指标体系，尤其是公共服务数字技术运用效果指标，将其加入部门预算绩效评价指标中，以此激发政府部门提供优质公共服务的内生动力，进而促进公共服务质量改善。

三是抓紧研究数据要素规范使用的法律制度。尽管大数据手段可以以非干预的方法获得各类经济社会主体的行为数据，这些新增的信息为提升公共服务能力提供了基础，但是这些翔实的个人与企业信息具有较大的敏感性，实时记录并保存使用会引起人们对隐私或商业机密处理不当的担忧，而且集中于政府存储容易遭受"黑客"等的攻击，要平衡好个人隐私、企业商业机密与公共平台使用三者之间的关系，建立数据要素规范使用、安全防护等制度，加快数据产权制度研究，清晰界定各类公共服务平台数据的权属关系，为财政数字化转型和公共服务提供数据制度保障。

四是探索新型公私合作关系，带动公共服务能力提升。公私合作提供公共服务是一种趋势，数字化时代更需要公私部门数据的合作共享，将平台企业的海量行为数据、数字技术优势和政府公共数据进行整合，可以验证公共服务政策实施效果并反馈给政府，进而对下一步的公共服务政策进行动态调整，提高公共服务政策的精准性，实现政府、居民、企业的三赢局面。

五是加快数字财政人才队伍建设。数字财政人才建设是一项重要的长期工作，要强化相关学科建设，开设新的专业来增加数字财政人才供给；同时，要通过培训、轮岗、人才引进、人才共享等多种渠道，促进形成一支高素质数字财政人才队伍，提高数字财政人力资本水平，有助于提高财政治理能力，进而推动政府公共服务能力的提升。

参考文献

[1] 陈振明，耿旭. 中国公共服务质量改进的理论与实践进展 [J]. 厦门大学学报（哲学社会科学版），2016（1）：58-68.

22

［2］戴长征，鲍静．数字政府治理——基于社会形态演变进程的考察［J］．中国行政管理，2017（9）：21－27.

［3］邓剑伟，杨艳．"数据驱动"的公共服务评价：理论建构与实践探索［J］．求索，2018（1）：107－114.

［4］邓亚当，史传林．大数据时代财政绩效的评价信息化与第四方评价模式构建［J］．地方财政研究，2015（6）：12－17.

［5］丁辉侠．地方政府提供公共服务的能力与动力分析［J］．河南社会科学，2012，20（9）：30－32＋107.

［6］荆林波．大数据的由来与作为［J］．财经智库，2018，3（4）：26－35＋140.

［7］李启雷．航运大数据管理及其在公共服务领域的应用［J］．浙江大学学报（人文社会科学版），2015，45（3）：16－24.

［8］李淑芳，叶剑锋．基于大数据的公共预算绩效管理模式创新［J］．地方财政研究，2018（12）：4－11.

［9］李雪松．大数据推进城市公共服务精细化的逻辑解构［J］．电子政务，2018（5）：93－100.

［10］刘淑春．数字政府战略意蕴、技术构架与路径设计——基于浙江改革的实践与探索［J］．中国行政管理，2018（9）：37－45.

［11］刘晓洋．大数据驱动公共服务供给的变革向度［J］．北京行政学院学报，2017（4）：73－79.

［12］刘寅斌，余咪咪，李洪波，胡子怡．多目标项目调度研究综述：复杂系统优化的视角［J］．系统科学学报，2020，28（3）：84－89＋111.

［13］罗伯特·邓哈特．新公共服务：服务，而不是掌舵（第三版）［M］．北京：中国人民大学出版社，2016.

［14］马宝君，张楠，谭棋天．基于政民互动大数据的公共服务效能影响因素分析［J］．中国行政管理，2018（10）：109－115.

［15］马蔡琛，赵笛．大数据时代的预算绩效指标框架建设［J］．中央财经大学学报，2019（12）：3－12.

［16］任东飚，费铭海，袁明昌．税收数据在大数据中的利用探析［J］．税务研究，2015（10）：25－28.

［17］任国哲．大数据时代完善税收征管制度体系的思考［J］．税务研究，

2019 (9): 114 - 118.

[18] 孙开, 沈昱池. 大数据——构建现代税收征管体系的推进器 [J]. 税务研究, 2015 (1): 96 - 99.

[19] 涂子沛. 大数据推动精细决策 [N]. 人民日报, 2015 - 04 - 09 (014).

[20] 汪波, 赵丹. 互联网、大数据与区域共享公共服务——基于互联网医疗的考察 [J]. 吉首大学学报 (社会科学版), 2018, 39 (3): 122 - 128.

[21] 王敏, 彭敏娇. 大数据时代全面预算绩效管理面临的机遇和挑战分析 [J]. 经济纵横, 2019 (5): 58 - 66 + 4.

[22] 王向东, 王文汇, 王再堂, 黄莹. 大数据时代下我国税收征管模式转型的机遇与挑战 [J]. 当代经济研究, 2014 (8): 92 - 96.

[23] 王志刚, 赵斌. 数字财政助推国家治理现代化 [J]. 北京大学学报 (哲学社会科学版), 2020, 57 (3): 150 - 158.

[24] 萧政, 周波. 一名计量经济学家对大数据的展望 [J]. 财经智库, 2019, 4 (1): 124 - 137 + 144.

[25] 谢波峰, 朱扬勇. 数据财政框架和实现路径探索 [J]. 财政研究, 2020 (7): 14 - 23.

[26] 谢波峰. 大数据时代税收微观数据体系的构建 [J]. 税务研究, 2015 (1): 92 - 95.

[27] 辛方坤. 财政分权、财政能力与地方政府公共服务供给 [J]. 宏观经济研究, 2014 (4): 67 - 77.

[28] 徐晓林, 周立新. 数字治理在城市政府善治中的体系构建 [J]. 管理世界, 2004 (11): 140 - 141.

[29] 徐晓林. "数字城市": 城市政府管理的革命 [J]. 中国行政管理, 2001 (1): 17 - 20.

[30] 闫永涛, 曾堃, 萧敬豪. 面向开放街区的公共服务设施绩效评价及规划策略 [J]. 规划师, 2017, 33 (S2): 134 - 139.

[31] 杨杨. 地方政府公共服务能力的优化路径浅析——基于新公共管理的视野 [J]. 西南石油大学学报 (社会科学版), 2016, 18 (5): 30 - 35.

[32] 袁文艺, 毛彦洁. 数字政府与网上政治文化入侵 [J]. 社会主义研究, 2003 (2): 82 - 84.

［33］张红彬，李齐. 大数据驱动的智慧公共服务——2018 中国国际大数据产业博览会"大数据与公共服务"论坛综述［J］. 中国行政管理，2018（10）：155 – 158.

［34］张会平，李茜，邓琳. 大数据驱动的公共服务供给模式研究［J］. 情报杂志，2019，38（3）：166 – 172 + 179.

［35］张立荣，李晓园. 县级政府公共服务能力结构的理论建构、实证检测及政策建议——基于湖北、江西两省的问卷调查与分析［J］. 中国行政管理，2010（5）：120 – 125.

［36］张新生. 创新社会治理：大数据应用与公共服务供给侧改革［J］. 南京社会科学，2018（12）：66 – 72.

［37］张序，劳承玉. 公共服务能力建设：一个研究框架［J］. 理论与改革，2013（2）：25 – 29.

［38］周黎安. 中国地方官员的晋升锦标赛模式研究［J］. 经济研究，2007（7）：36 – 50.

［39］Patrick Dunleavy，Helen Margetts，Simon Bastow，Jane Tinkler. New Public Management is Dead：Long Live Digital – Era Governance［J］. Journal of Public Administration Research and Theory：J – PART，2006，16（3）.

第三章

政府数字化转型下的
预算绩效管理实践

2018 年 9 月发布的《中共中央 国务院关于全面实施预算绩效管理的意见》提出"全方位、全过程、全覆盖实施预算绩效管理",由此,预算绩效管理从探索试点阶段走向全面实施阶段。全面实施预算绩效管理,是提高财政资源配置效率和使用效益、促进公共服务体制增效、应对新形势新任务新挑战、加快经济社会高质量发展的根本保障,也是实现国家治理体系和治理能力现代化特别是财政治理现代化的重要制度供给。近年来,预算绩效管理工作全面展开、成绩突出,但也暴露了较多问题、不足和短板。同时,随着大数据、区块链、人工智能、云计算、物联网等新一代数字技术的快速发展和广泛渗透,数字经济快速发展壮大,不断改变着预算绩效管理所处环境。

2020 年新冠肺炎疫情突如其来,给经济社会发展带来了前所未有的冲击与挑战。在防控疫情过程中,数字技术发挥了重要作用,这也加速了其向生产生活领域和公共治理领域的渗透。数字技术应用范围的拓展,给国家治理体系和治理能力提出了新命题、新要求,也凸显了政府数字化转型滞后所存在的问题与不足。2019 年10 月,党的十九届四中全会明确提出:"建立健全运用互联网、大数据、人工智能等技术手段进行行政管理的制度规则。推进数字政府建设,加强数据有序共享。"2020 年 10 月,党的十九届五中全会审议通过了《中共中央关于制定国民经济和社会发展第十四个五年规划和二〇三五年远景目标的建议》,再次强调"加强数字社会、数字政府建设,提升公共服务、社会治理等数字化智能化水平"。建设数字政府、加快政府数字化转型,成为坚持和完善中国特色社会主义行政体制、推进国家治理体系和治理能力现代化的重要组成内容。

财政是国家治理的基础和重要支柱，政府数字化转型将对财政的方方面面产生深远影响，直接或间接改变财政运行的环境，包括禀赋约束、施策空间、作用边界等。同时，财政治理体系和治理能力也在很大程度上决定着政府数字化转型的进度和成效。特别地，财政预算与公共数据是数字政府运行中相互交织、互相影响，甚至是相伴而生的两条线，这使得预算绩效管理与政府数字化转型之间形成紧密关联。在数字经济时代，政府预算绩效管理将面临哪些机遇和挑战？政府数字化转型与预算绩效管理将如何互动？怎样才能让政府数字化转型和预算绩效管理成为国家治理现代化的双轮驱动？在当前形势下，这些问题无疑值得关注和深入探讨。

结合政府数字化转型与预算绩效管理紧密结合的地方实践案例，本章系统考察政府数字化转型背景下实施预算绩效管理的相关问题，探索如何以政府数字化转型为契机和依托推进全面预算绩效管理，为加快数字化、智能化现代政府建设，实现国家治理现代化提供有价值的参考。具体地，本章重点探讨以下四个方面：一是探讨数字经济时代，预算绩效管理将面临的机遇与挑战；二是探讨就实现国家治理现代化而言，政府数字化转型与预算绩效管理之间存在哪些关联；三是探讨如何促进政府数字化转型与预算绩效管理的深度融合；四是探讨地方在推进政府数字化转型过程中的预算绩效管理实践，并总结与提炼可以推广的经验启示。

一、数字经济时代预算绩效管理的机遇与挑战

随着数字技术与实体经济的深度融合，世界经济格局开始重塑，最终产生与工业经济存在极大差异的全新经济形态——数字经济。2016 年在杭州召开的二十国集团峰会通过的《G20 数字经济发展与合作倡议》，将数字经济定义为"以使用数字化的知识和信息作为关键生产要素、以现代信息网络作为重要载体、以信息通信技术的有效使用作为效率提升和经济结构优化的重要推动力的一系列经济活动"。对于预算绩效管理而言，数字经济的快速发展壮大[①]既提供了宝贵机遇，也引发了一

---

① 中国信息通信研究院发布的《全球数字经济新图景（2019 年）——加速腾飞 重塑增长》显示，2018 年，全球 47 个国家的数字经济总规模超过 30.2 万亿美元，占 GDP 之比高达 40.3%，其中 38 个国家数字经济增速显著高于同期 GDP 增速。

系列需要解决的新问题。

（一）数字经济的基本特征

作为一种通用型技术，数字技术快速创新且与其他技术广泛互补，深刻改变了经济、社会、政治和文化等诸多领域的活动组织方式。相应地，以数字技术为基础的数字经济具有如下突出特征。

第一，数据化。数据化是数字经济的首要特征。数字技术在产品研发、生产制造、物流、销售和用户使用等多个环节的应用催生了海量数据，这些数据在被加工和分析后作为资源重新投入经济活动中，成为重构产业生态的基础。据互联网数据中心（Internet Data Center，IDC）预测，全球数据量总和将从 2018 年的 33ZB 增长到 2025 年的 175ZB（Reinsel et al.，2018）。数据作为数字经济的核心生产要素，与土地、劳动力、资本和技术等传统生产要素并列，改变和丰富了生产要素供给体系（马骏，2020）。特别是，数据要素具有易复制、边际成本为零、非损耗等特性，能够克服传统生产要素的稀缺性和有限性对经济增长的制约，最终实现原始数据的价值裂变，为实现经济持续增长奠定基础（丁志帆，2020）。

第二，网络化。数据在流动过程中具有不受区域和空间等物理障碍约束的特性，以及数字基础设施和便携式终端的发展加快了虚拟网络对传统物理空间的替代进程，使数字经济呈现出网络化特征。数字经济时代，联网的用户和设备之间彼此互联，企业也可以依托数字化平台进行实时数据采集和深度挖掘，满足用户差异化和个性化需求。数据在相互连通的用户之间流通，以及企业自身发展对数据的需要，使数字经济得以建构高度互联互通的网络化体系。此外，网络化特征意味着数字经济具有外部性和规模效应。当联网的用户和设备数量出现快速增长时，网络自身的价值也会呈现指数型增长，从而促使数字经济的发展速度远远快于传统经济。

第三，智能化。数字经济的智能化特征源于数字技术具有基础性、渗透性、外溢性和互补性等特点，以及数据要素在生产、分配、交换和消费等环节的渗透，推动了农业、工业、医疗、金融、教育和公共管理等多个领域的智能化发展。首先，大量传感器的应用使智能产品实现对数据的实时抓取，资源化的数据成为智能化的基础；其次，通过不断增强的算力和快速迭代的算法对海量数据进行分析，可以对数据价值进行深度挖掘，为现代服务业、制造业发展提供智能决策支撑和智能化分析。在现代服务业中，智能化集中表现为线上和线下的融合，如在线教育、远程医疗和生鲜电商等。生产领域的智能化体现在通过智能化管理和生产方案优化企业运营，如自动接单、智能排产、流程监控、设备感知等，能够有效降低企业运营成本和提高产出效能（王姝楠和陈江生，2019）。类似地，政府部门利用信息化技术对财政、税收、金融等数据进行获取和分析，有助于加强政府内部控制，为政府科学决策提供精准数据支持（陈建华和曾春莲，2019）。

第四，平台化。随着数字化转型进程不断深入，数字平台的作用越来越显著（张顺等，2020）。平台化作为互联网的基本特征，包含平台模式和平台思维两种内涵。平台模式是指对组织和制度结构进行创新，建构主要由平台运营商、供给方用户、需求方用户和平台支撑体系组成的生态体系（芮明杰等，2018），如当前的阿里巴巴、京东和亚马逊等电商平台。而且，平台目前逐步向研发和制造环节延伸，远远超出了交易环节，其功能体现在对数据、知识和个体能力价值的深层次挖掘上，如海尔的 COSMOPlat 工业互联网平台（马骏，2020）。平台化思维则表现为"去中间化、去中心化、去边界化"（中欧案例中心，2017）。在数字技术浪潮下，传统自上而下和强调等级化的科层制组织加快向扁平化和网络化的新型组织转变，并且更加强调开放性，即从封闭式组织向开放式组织转变，通过与其他组织、平台的联通与协同，实现平台自身生态和服务能力的提升。

第五，可追溯化。在对数据进行整合和处理后，原始数据和最终分析的数据之间可能存在极大差异，因此，出于鉴别数据真假、保证数据透明化和完整性，以及实现全程监督的目的，数字经济要求数据可以被追溯。数据的可追溯化是指数据的产生、导入、流动和分析过程，甚至于对数据的修正等均有记录可查。大数据、区块链和物联网等技术的应用，以及包括数字中心在内的数据存储基础设施的快速发展使数据具备了这一特征，实现"数据留痕"。例如，当前已经被广泛应用的数据仓库系统可以实现对细节数据、历史数据和各种综合数据的存储。而具体到已经普及的食品安全追溯系统，消费者通过扫描食品的追溯码，可以获取食品的原材料、生产时间、生产者和产地等全方位信息。

（二）数字经济时代带给预算绩效管理的主要机遇

数字技术的发展和普及，为解决传统预算管理存在的诸多问题提供了技术支撑。

同时，数字化赋能为全面实施预算绩效管理创造了适宜条件，主要包括如下几个方面。

第一，数据可获得。在传统预算管理中，预算绩效管理部门难以掌握各地区、各部门在资金使用方面的真实数据，难以对预算绩效进行准确评估。但是，与实地数据采集相结合的数字技术为多源数据获取提供了可能。例如，传统预算绩效管理的数据获取方式主要来自被评价对象提供的资料和数据。相反，依托于统一化的政务大数据平台，预算绩效管理部门能够获取来自工商、税务、统计、交通等多个部门的交叉数据，并且可以通过纳入公众意见对项目实施效果进行系统和准确的评估（李学，2019）。

第二，指标可量化。过度依赖评价人员或专家的主观判断，可能导致预算目标和实际情况之间难以进行准确比较（胡若痴和武靖州，2014）。在数字经济时代，数字技术的广泛运用以及丰富的数据来源，为量化处理绩效评价指标并进而解决预算目标与实际情况的偏离提供了有效支撑。例如，在指标设计过程中，相关部门或人员可以利用云计算、人工智能等技术，通过分析历史数据来明确各个指标的相应权重，较大程度地剔除主观因素的影响（马蔡琛和赵笛，2019）。

第三，过程可实时监测和动态评估。传统预算管理由于仅能在项目执行结束后进行评估，因此难以避免和降低项目实施过程中主客观问题所导致的过度损失（冯海波，2019）。与此不同，数字技术可以详细监控每一笔预算资金，并且可以通过不断迭代的算法对项目数据以及难以量化的图片和文字记录等项目实施的全过程进行挖掘分析，从而对资金使用和项目落地情况进行实时监测、分析和动态评估。在发现问题后，也可以及时对项目实施方案进行调整，确保达到最优效果。

第四，信息与行为可追溯。数字技术在预算管理中的应用，使得在项目执行和资金使用过程中，能够实现对政府行为和信息的全流程追溯。例如，借助于云归档技术，可以实现对原始政务数据和信息的存储与备份，避免由于政务数据和信息的更新而导致原始数据丢失，为追溯历史记录提供了可能（王萍等，2016）。在此基础上，具有难以篡改特征的区块链技术在预算管理中的应用，可以更为有效地保证记录的真实性，实现对数据采集、数据查询、数据更改、数据分享等数据生成和使用记录的全流程追溯。

（三） 数字经济时代预算绩效管理面临的若干挑战

数字技术在带来机遇的同时，也全面冲击了在传统工业时代所形成的一整套管理制度和规则体系。特别是在公共管理领域，政府的数字化程度和治理水平远远落后于数字经济的发展速度。对于预算绩效管理而言，目前存在的挑战主要包括如下几个方面。

第一，政务数据标准不统一。采用数字技术改进预算绩效管理，首先需要实现数据的标准化。数据标准化是数据存储、加工、共享和数据服务等数据治理的前提，有助于政府通过数据治理实现精准化和协同化管理。过去，政务数据分散在不同的地区和部门中，而这些部门的信息化水平参差不齐，在数据的采集标准、处理标准和存储管理方式等方面存在较大差异。缺乏统一和清晰的指标定义，统计口径不一致，数据上报形式及时间、采集时间和更新时间差异较大，不同层级政府的数据平台建设标准不同等问题的存在，导致对预算管理数据的整合与分析存在困难。

第二，政府部门间数据共享不足。跨区域、跨层级、跨部门数据共享，是政府数据治理能否有效开展的关键。全面预算绩效管理要求打破各个部门分别掌握信息资源的数据"孤岛"状态，实现对不同来源数据的整合与分析。但在条块分割、部门中心主义的惯性运行方式下，政府数据共享受到"主观不情愿"（部门信息管控的权力欲）与"客观不允许"（部门公共权力的科层固化运行）的双重因素制约（许峰，2020）：一方面，一些部门的政务数据仍然是通过手工对报表进行汇总，与其他部门的数据共享程度较低，没有形成完善的数据共享机制；另一方面，在一些数字化转型发展较快的地方，虽然建立了共享机制，但由于长期的思维惯性，存在抗拒数据共享的心理，部门、层级和区域分割引发的信息孤岛现象依然普遍（钟伟军，2019）。

第三，政务数据对外开放不足。使公众能够充分获取包括预算数据在内的政务数据，是提高预算透明度和发挥公民对预算管理监督作用，建立公开透明的预算管理体制的基础（马海涛和刘斌，2016）。然而，当前包括预算管理数据在内的政务数据存在对外开放不足等问题，主要表现为：数据更新不及时，存在需求的个体和部门需要反复申请、催要才能拿到新的数据；数据共享不全面，提供数据的部门出于利益考虑，往往只提供一部分字段信息，申请者无法得到数据全貌；

数据可读性差，几乎所有部门都不允许申请者读取数据库信息，只提供其加工处理后的数据资源，申请者即使拿到数据资源也还需要进行大量的技术处理（杜庆昊，2019）。

二、政府数字化转型与预算绩效管理：双轮推进财政治理现代化

加快实现财政治理现代化，是推进国家治理体系和治理能力现代化的重要支撑。数字经济时代，必须充分发挥政府数字化转型和预算绩效管理的基础性作用，有效提升财政治理的现代化水平。

（一）现代化财政治理体系的方向和内容

实现财政治理现代化，首先需要明确其未来发展的方向和内容。大体上，财政治理现代化主要包括治理理念、治理体制和治理手段三个方面。

第一，财政治理理念的现代化。在推进国家治理体系和治理能力现代化的过程中，认识和厘清政府治理、市场治理和社会治理的关系与边界是重中之重。财政是政府履行公共职能的基础与抓手，因而同样需要重新认识财政与市场、财政与社会的关系以及财政治理在政府治理中的职能与作用边界，树立正确的财政治理理念。财政的职能是促进资源合理配置、促进社会公平、促进国民经济平稳运行，即财政与市场和社会之间是紧密相关、相互弥补的关系。财政应当积极作为，做到"以财施政""以财理政"，有效弥补市场失灵和志愿失灵，而不是简单地分配公共资源、被动地发挥救火员作用。同时，财政应当有所为而有所不为，积极调动市场与社会两种力量、两类资源，充分发挥有限公共资源的潜在作用，通过政府、市场与社会多方主体的协同参与，为公共事业的稳步发展和公共利益的最大化提供更稳定、更有力的保障。

第二，财政治理体制的现代化。财政治理体制的好与坏，不仅决定了公共资源的配置效率，而且直接影响整个国民经济社会体系的运行效率和效果。现阶段，应当以理顺财政与市场和社会之间以及各级财政之间的关系为重点，建立符合现代化发展要求的财政治理体制机制，实现财政治理的制度化、规范化、法治化。正如学

者们所普遍认可的，财政治理体制现代化主要包括如下几个方面：一是建设"法律完备、结构简单、税源稳定、激励相容"的现代财政收入制度；二是建设"依法支出、量入为出、促进发展、保障基本"的现代财政支出制度；三是建设"权责法定、财力协调、区域均衡、有效竞争"的现代央地财政关系；四是建设"规范透明、中期滚动、广泛参与、约束有力"的现代预算管理制度；五是建设"依法授权、责任明晰、激励有效、风险可控"的现代债务管理制度（陈昌盛等，2019）。

第三，财政治理手段的现代化。财政治理手段的好与坏、优与劣，直接决定着财政治理体制的运行效率和效果。我国政府应以完善现代财政治理体制为基础，加快财政治理机制和手段的改革创新，通过引入新技术、新模式、新方法，实现财政治理的提质增效。首先，大力推进财政数字化转型，积极引入大数据、人工智能等前沿技术，为实现财政治理的信息化、智能化、精细化创造条件。数字技术在财政治理中的应用，有助于提高公共产品或公共服务在供给与需求方面的匹配度，大幅提升资源配置的效率。其次，以互联网、大数据、人工智能等前沿技术为基础，在财政治理过程中引入双边或多边平台模式，将财政打造成市场与社会之间、市场或社会主体之间、市场或社会与政府之间的有力联结点，不断强化财政在优化资源配置、协调利益关系、弥补市场或志愿失灵、维护市场统一、促进社会公平等方面的作用。最后，结合经济社会的发展需要，创新性、针对性地采用政府购买服务、政府引导基金等方式，有效激发和引入市场和社会力量，强化财政"四两拨千斤"的作用。特别地，将平台模式和政府购买服务等方式相结合，能够更大幅度地提升财政的公共服务能力与效果，这在政府采购平台、政府公共服务平台等领域的实践中得到了充分体现。

（二）政府数字化转型与预算绩效管理推进财政治理现代化

政府数字化转型可以打破数据共享的壁垒、为全面实施预算绩效管理创造有利条件，而全面预算绩效管理能够更加有效地发挥财政资金对政府数字化转型的助推作用。作为财政治理现代化的关键环节和重要表征，政府数字化转型与预算绩效管理协同推进可以有效解决数字经济时代的挑战、把握机遇，为推进国家治理能力现代化提供助力。

1. 政府数字化转型对财政治理现代化的推动

在财政治理现代化所包含的三方面内容中,政府数字化转型最根本的作用在于推动财政治理理念现代化。首先,政府在转型过程中建立的数字化思维有助于改变传统认知方式,强调共享、协同、去中心化和整体等观念,从而为财政治理模式和财政治理手段的变革奠定基础。其次,政府数字化转型最直接的影响在于对财政治理手段的革新,包括一体化政务数据平台、政务数据标准化、智能分析工具在内的政府治理平台的应用,为财政治理现代化提供了关键技术支撑。最后,政府数字化转型能够推进财政治理体制现代化。数字技术的应用有助于缓解信息不对称问题,降低转移支付成本、提高财政资金使用效率和公平性,最大限度地降低政府和公众存在的数据鸿沟。而且,数字技术的使用可以前瞻性地为政府决策提供更多的政策选择,并且预测政策效果和提示项目实施可能存在的风险。

2. 全面预算绩效管理对财政治理现代化的推动

预算管理作为财政治理现代化的重要环节,关系到财政资金配置的科学性和规范性,以及能否达成财政政策预期目标。全面实施预算绩效管理,可以从多个方面推进财政治理现代化。

首先,全面预算绩效管理强调全面性、规范性和透明度,有助于在财政治理过程中以系统化观点审视各级财政部门间的关系,打破垂直割裂和条块分割的政府职能状态,从而实现统筹规划,并且提高财政治理对公众的开放程度。其次,预算绩效管理强调内部管理和事前绩效管理,可以从源头上提高财政资源配置的科学性和精准性,充分体现财政资金使用主体的责任。最后,推进全口径的政府预算管理,以及强调中期和三年滚动财政规划,有助于完善跨年度预算平衡机制,进一步提升财政政策的实施效果。

(三) 政府数字化转型促进预算绩效管理全面实施

在数字经济时代实施全面预算绩效管理,需要把握数字技术带来的新机遇,同时应对在数据标准化、数据共享和对外开放等方面存在的挑战。基于政府数字化转型的目标和实施规划,在通过数字政府建设和实施全面预算绩效管理推动财政治理现代化的过程中，政府数字化转型也有助于预算绩效管理的开展。

首先，政府数字化转型有助于破解预算绩效管理的数据获取困境。政府数字化转型中建立的政务信息系统集成和公共服务数据资源体系，尤其是一体化政务数据平台，将有效推进财政数据在各个部门之间的共享，打破"信息孤岛"对预算管理在数据获取和整合方面的阻碍。同时，数字政府的开放性、规范化和透明化，也便于社会公众通过多种形式获取政务信息和数据，参与对预算项目的监督。

其次，政府数字化转型有助于提升预算绩效管理机构的业务能力。在数字化转型过程中，大数据、人工智能、区块链、云计算、物联网等数字技术将得到更加充分的应用。由此，预算绩效管理机构可以对数据潜在价值进行深度挖掘，从而缓解评价指标量化、评价体系差异化、项目评估准确性和项目风险预警等方面存在的能力不足问题。

最后，政府数字化转型有助于实现预算绩效管理工作的标准化。政府数字化转型的全面推进，必然伴随着总体标准、技术标准、业务应用标准、管理标准、服务标准和安全标准等在内的标准体系建设，这将为预算绩效管理所需的数据整合利用以及业务流程化、标准化奠定良好基础。另外，在推进政府数字化转型的过程中，政府部门中的高层次人才队伍将快速壮大，既能为全面预算绩效管理提供必不可少的人才支持（张鸣，2020），也有助于政府部门数字治理能力的有效提升，为数字经济时代政府的职能转变创造有利环境。

三、政府数字化转型与预算绩效管理的融合：问题与解决路径

数字政府是预算绩效管理全面实施的重要基础，也是数字经济时代实施预算绩效管理的必然结果。但是，数字政府建设和全面实施预算绩效管理之间存在衔接不畅、联动不足等问题，这是当前推进财政治理现代化的重要发力点。

（一）阻碍融合和联动的主要问题

虽然实现政府数字化转型与预算绩效管理协同推进是促进国家治理能力现代化的重要途径，但目前存在顶层设计不足、观念不一致、数字政府建设与预算绩效管理

"两张皮"、标准化和差异化的要求相冲突,以及相应的配套机制和设施不足等问题。

第一,顶层设计不到位。在政府数字化转型和预算绩效管理实践中,存在制度规范不健全、部门数据标准不一、数据开放共享不足、数据综合价值难以挖掘等问题,其主要根源在于顶层设计不到位。预算绩效管理方面,虽然2018年《中共中央国务院关于全面实施预算绩效管理的意见》的发布为预算管理指明了方向,但其以原则性规定为主,缺乏具体的指导意见,使得基层政府在实施预算绩效管理的过程中存在很大的不确定性。数字政府建设方面,虽然有多个省(自治区、直辖市)提出了数字化转型诉求,但是缺乏从中央到地方的统筹规划和协同推进,而是各地区、各部门各自为政。统筹规划和协调不足,很可能加剧数据、系统等标准不统一的负面影响,其在促进地区或部门范围内数据共享的同时,又可能引致新的"数据孤岛",阻碍更大范围内政府数据开放共享的实现。

第二,思想观念存在冲突。不管是政府数字化转型还是预算绩效管理,都是新时代新形势对政府履行职能提出的新要求,这其中必然存在不同观念的冲突,且集中表现在三个方面。一是去中心化与层级化相冲突。在数字技术浪潮下,政府数字化转型强调跨部门业务协同,特别强调"去中心化"。相反,传统运行模式则突出表现为以管理者为中心的科层化。二是开放性与封闭性相冲突。在传统政府组织体系中,政府作为处理和应对各项事务的中心,无论是在内部还是外部均缺乏互动性和开放性。与此不同,数字技术推动的治理结构转型则要求政府开放治理边界,促动社会组织和公众等参与政府治理(陈朋,2019)。三是治理与管理的冲突。传统政府管理模式以政府为主导,而政府治理旨在和其他社会多元主体建立平等的合作伙伴关系,通过引导社会资源,着力满足现代社会的复杂和多元需求。

第三,配套机制和设施不足。最大化利用数字技术带来的机遇,不仅在于对技术的积极应用,更在于建立与技术相匹配的组织机制。当前,管理协调机构缺位、工作机制缺失、专业管理人才匮乏、制度政策不健全等问题,直接制约着政府数字化转型的进度,并阻碍其实际效用的发挥。[①]例如,虽然各级政府部门建立了众多的数据平台,但普遍存在功能单一、覆盖范围小、集约化水平低、数据闭塞等问题(张建锋,2019)。全面预算绩效管理方面,除与政府数字化转型类似的问题外,还存在相关主体参与不足、各级政府预算管理部门缺乏联动、外部监督弱化、审计和

---

① 以数字化转型加快推动政府治理现代化 [EB/OL]. 广东省电子政务协会网站,2020 – 08 – 24.

财政未形成合力、预算管理实践缺乏适用工具等不利因素。①

第四，数字政府建设与预算绩效管理"两张皮"。当前，对政府数字化转型和全面预算绩效管理之间的关系认识不足，在体制机制和制度建设层面缺乏促进两者融合互动的前瞻性规划和具体行动计划。一方面，目前尚未将预算绩效管理纳入政府数字化转型过程，数字政府建设仍然秉持传统的预算管理理念，更多将预算作为提供资金支持和规范资金管理的重要环节。另一方面，虽然政府数字化转型在技术、组织和人才等方面有助于推进预算绩效管理，但政府在推进全面预算绩效管理的过程中，并未考虑政府数字化转型所具有的协同作用，更多地是将预算管理局限于财政业务领域，无法以其为重点建立全流程的预算绩效管理。

第五，标准化和差异化冲突。数字政府建设追求标准化，包括对数字政务服务平台的建设标准、数据的采集和存储标准等的统一规范。运用标准化的理念和思维开展政府治理，被视为推动数字政府建设的有效手段。然而，不同于数字政府对标准化的强调，预算绩效管理必须考虑不同地区、领域或项目的特殊要求和具体条件，因此存在差异化和异质性特征。在实施时，必须对不同被评估项目或主体进行具体分析，提出不同的绩效目标，并且根据实际情况进行科学、合理评估，避免产生数字经济时代的"教条化"。因此，推进政府数字化转型与预算绩效管理的融合，需要解决标准化和差异化之间的冲突。

（二）促进两轮联动发力的可行路径

政府数字化转型与预算绩效管理紧密相关，是国家治理特别是财政治理的重要基础。在数字经济逐渐成为经济增长主动能的背景下，必须有效促进政府数字化转型与预算绩效管理的融合，使其协同发力推动财政治理现代化。

1. 完善顶层设计和统筹规划

综合考虑数字政府建设和全面预算绩效管理，进行全局性统筹、通盘性考虑和战略性部署，以预算绩效管理为抓手，从全国层面推进数字政府建设。

一方面，通过制定整体性发展规划，树立和贯彻数字政府建设与全面预算绩效

---

① 全面实施预算绩效管理的推进机制研究［N］. 财经人民日报全媒体平台，2018 - 12 - 02.

管理协同发展的理念，并且提升中央与地方在实践方面的耦合性及协同性。在中央政府政策的规划指引下，加强政务数据治理体系建设，以数据集中和信息共享为途径，推动各个政府层级和不同部门的数据融合、技术融合、业务融合，最终形成多渠道、多形式相结合的政务数据共享大平台（戴祥玉和卜凡帅，2020）。

另一方面，将预算绩效管理作为实现政府数字化转型目标的重要途径，通过"事前有绩效目标、事中有绩效监控、事后有绩效评价"的全过程全覆盖的预算绩效管理机制，在数字政府建设过程中统筹协调财政资金的配置。对于和数字政府建设相关的项目，应在事前绩效评估中严格论证项目的可行性和预期绩效，并且基于预算管理对项目运行和实施效果的约束机制，提高政府数字化转型的效率。

2. 持续改进协同机制

在使用数字技术对政府治理进行赋能，推进政府数字化转型和全面预算绩效管理的过程中，也必须加快完善相关体制机制。

第一，建立工作领导协调机制。通过成立领导小组，负责平台顶层设计、规划建设、组织推进、统筹协调和监督指导等工作，出台或完善相应的法规、规章及配套政策，为实现政府数字化转型和预算绩效管理的持续性、整体性提供强有力的保障。

第二，完善政府治理结构。国家治理能力现代化建设不仅包括信息技术改进、数据治理能力增强等，而且涉及政府自身治理结构的改革。在数字经济背景下，需要将数字化管理思维与政府治理结构和运行机制相结合，建设与数字政府和全面预算绩效管理目标相匹配的部门结构和跨部门业务协同关系，从而为实现"一站式服务"的数字政府、全流程的全面预算绩效管理提供组织保障。

第三，提供人才保障。数字政府并不是以信息化取代人工，而是实现二者更好的互补，因此需要建立数字化人才培养机制，对公务员队伍进行数字赋能，通过提升电子政务队伍的数字化素养和技能以满足数字化转型和全面预算绩效管理对人才的需求。

3. 加强通用能力建设

虽然作为政府治理体系现代化的重要组成部分，数字化政府转型和全面预算绩效管理关注的重点有所区别，但二者之间存在通用能力，即数字技术支撑能力和业务服务能力。

在数字技术支撑能力方面，数字技术作为数字政府建设和全面预算绩效管理开展的基础，一方面需要在顶层设计的引导下完善包括电子政务网络、云平台、信息安全和运维平台在内的基础设施建设，并且通过集约化建设实现基础设施之间的互联互通，提高整体使用效益和避免重复建设；另一方面，在基础设施建设过程中需要具有前瞻性思维，考虑未来技术的快速变化和迭代，为数字化系统的升级提供足够的应变空间，提高政务平台及相关基础设施的扩展性和兼容性。

在业务服务能力方面，一方面需要在数据服务平台的基础上，开发包括电子归档、可信身份认证等各类通用工具和模块，以提高对业务的支持能力，便于开展数据汇总和分析等业务（张建锋，2019）；另一方面，基于大数据和人工智能等数字技术具有的智能化特征，数据服务平台需要提供具有科学性、可行性和可操作性的数据算法和模型，以适应在不同场景中存在差异化的业务需求，从而应对标准化和差异化的冲突。

四、基于政府数字化转型的预算绩效管理：地方实践

实现政府数字化转型与全面预算绩效管理协同发展，是推进财政治理现代化的重要内容。其中，一体化数字平台是主要的实践形式。当前，基于数字政府建设及全面预算绩效管理在国家层面的顶层设计和推进，以及地方政府自身提高效率和降低成本的需要，多种类型的数据平台在全国各地得到建立。根据主要职能，可以将这些平台划分为三种：一是以预算管理为主的数据平台；二是包含预算功能在内的财经数据平台；三是涉及其他政府职能的数据平台。

（一）以预算功能为主的数据平台

以预算功能为主的数据平台，是指主要围绕实施全面预算绩效管理而搭建的数据平台。典型案例包括以下三个。

1. A省财政厅预算绩效管理系统

A省财政厅为进一步深化预算管理制度改革，提升预算绩效管理水平，以全新

的微服务云架构为支撑，以"1+N"的管理制度体系为指引，契合"2+2"组织管理模式，无缝对接财政厅核心业务系统，创新"3+3+2"的绩效管理体系，打造事前、事中、事后的全面预算绩效管理闭环（见图3-1）。

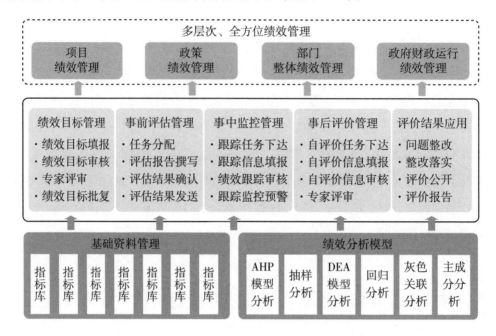

图3-1 A省财政厅预算绩效管理系统

资料来源：北京用友政务软件股份有限公司提供。

A省财政厅预算绩效管理系统在更深层次上实现了预算与绩效管理的一体化，表现出以下几个亮点。

第一，借鉴互联网思维，以业务角色为中心，量身定制专属工作平台。通过提前预置主管部门和预算单位等各类用户的工作台首页，在人员和业务流程方面实现互动。此外，工作平台具有自动提醒功能，能够进一步推进绩效管理自动化和大幅度提升工作效率。

第二，完善绩效基础资料库，为各模块业务提供支撑。基础资料库由指标库、模板库、案例库、绩效对象库、专家库、第三方机构库、政策制度资料库和问卷库等9大库组成。通过各基础库的支撑使各模块业务数据来源有支撑、衔接数据有工具、数据流程有标准、数据结果有保障。

第三，绩效目标申报和预算编制相衔接，从源头上规范预算资金的使用方向和预期使用效益。绩效目标申报可以实现对项目入库信息的补充和项目绩效目标的填报,目标填报时可以通过系统对历史目标、目标模版和案例模版进行引用,为单位用户目标的填报提供有用、有效和有依据的参考,帮助单位更好地完成目标填报。

第四,推动绩效事前评估。为使目标申报更合理,项目立项阶段应对遴选重点项目开展事前评估工作,可由财政部门直接组织或邀请第三方机构,通过准备、实施、总结、结果反馈等环节对项目的必要性、可行性、合理性进行综合评估,并形成对应的评估报告。

第五,绩效事中监控采用"双监控"模式,从过程上把控目标实现程度。通过与财政一体化交互,直接获取项目的预算调整和执行信息,根据内置评分公式自动计算指标偏差度,实现智能偏差预警,根据目标完成的可能性生成预警信息反馈到预算执行动态监控模块,根据预警程度对项目资金执行进行处理。

第六,开展绩效事后评价,提高评价的客观性和准确性。绩效评价管理是预算绩效管理中的核心环节,从业务角度上分为单位自评、部门整体评价、财政评价、财政重点评价四类,从系统角度中设置评价模式分类为自评和外部评价等。在年度结束或者政策、项目执行周期到期等需要开展绩效评价时,按照规定程序对前期准备、绩效自评、评价实施和报告撰写四个方面设计流程。

第七,加强绩效结果应用,通过信息公开,增强财政资金绩效情况透明度。基于绩效管理全过程中的事前、事中、事后各环节评价的结果,形成完整的评价报告。同时,对于整个管理过程中发现的问题进行持续跟进和验证整改。实现全过程留痕、档案化管理,为数据分析和信息公开提供支撑。

第八,实行绩效监督考核,强化绩效主体责任。各级财政部门依据内置考核指标开展对本级部门和预算单位、下级财政部门、第三方评价机构的预算绩效管理工作的考核,可对考核结果进行公示和排名。考核结果可作为对考核对象的奖惩依据。

2. B市财政局预算绩效管理系统

B市财政局在2018年对预算绩效管理系统进行了升级改造,实现了在预算系统中选取项目,并将项目信息和绩效目标导出,作为预算绩效管理的依据,形成当年绩效评价、事前评估、再评价和绩效跟踪等措施的绩效管理项目库,从而建立以项目库、资料库、中介库和专家库为基础,以预算绩效管理系统为支撑平台的预算绩效管理系统,主要功能如图3-2所示。

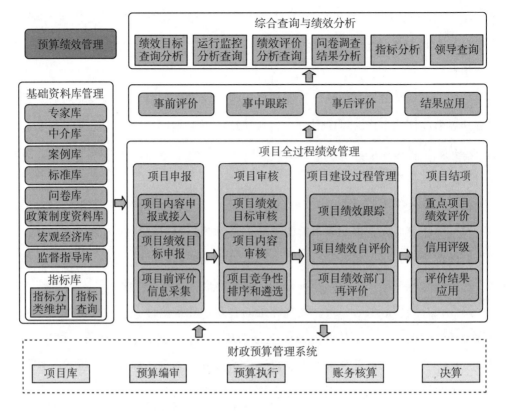

图 3 - 2　B 市财政局预算绩效管理系统

资料来源：北京用友政务软件股份有限公司提供。

　　第一，中介库。中介库主要负责第三方中介信息的管理和维护，并处理第三方中介机构入库申请、第三方中介机构入库审核、第三方中介机构选取、第三方中介机构委托、第三方中介机构工作考核和第三方中介机构退库等业务。

　　第二，绩效基础资料管理。绩效基础数据包括绩效指标库、专家库、第三方机构库、政策制度资料库和案例库。其中，建立完善的财政支出绩效评价指标库是开展财政支出绩效管理的核心环节。指标库管理分为三个部分：指标库的建立、对指标库的管理和指标库中指标的调用。

　　第三，绩效目标管理及事前评估。项目入库绩效管理模块实现了项目入库系统和预算系统的数据交换，实现预算单位、财政等用户的在线绩效目标申报、审核、专家评审、批复、反馈、再评价等工作。财政部门在项目遴选后，可以选取第三方或专家对单位上报的信息与佐证材料进行评审，第三方或专家根据检查核对结果提出调整或修改意见。由财政部门汇总项目单位申报信息和第三方、专家调整意见，对项目出具评估意见。

第四，绩效运行监控管理。财政支出绩效运行监控是预算绩效管理的重要环节。绩效系统通过财政综合平台或预算执行接口，获取项目的资金执行情况，与项目绩效计划进行比较，并结合单位填报进展情况、专家评审、现场勘察、财政集中评审等多种评价手段，对项目的绩效目标偏离情况进行分析，对于偏离严重的，发送整改通知并通过预算执行接口推送项目控制状态，直到项目整改通过后继续执行，实现在项目执行过程中提前监控项目，减少不必要的预算资金损失的目的。

第五，绩效评价管理。项目完成后，预算部门开展自评价工作，通过系统按照标准格式采集、填写绩效评价内容并生成自评报告，提交给财政部门。财政部门组织专家对单位提交的自评报告、再评价报告进行审核；对于再评价项目汇总形成审核意见，上报分管领导审核并与单位沟通反馈后，最终形成评价结论。根据绩效管理全过程中的事前、事中、事后各环节评价的结果，形成完整的评价报告。

3. C省人大预算联网监督系统

C省人大预算联网监督系统通过对人大预算监督业务、数据来源、系统和技术等方面进行全方位和多角度分析，重点建设查询、预警、分析和服务四大功能，并且考虑到系统的横向联网与纵向贯通的衔接，加强对系统在先进性和可扩展性方面的设计，以适应人大和财政的未来发展需要（见图3-3）。

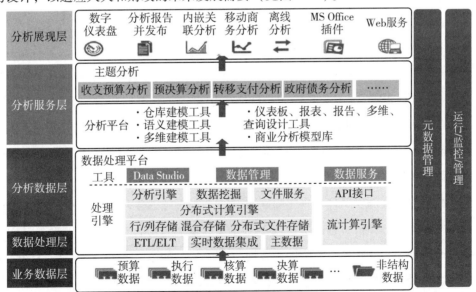

图3-3 C省人大预算联网监督系统

资料来源：北京用友政务软件股份有限公司提供。

C省人大预算联网监督系统通过对接省财政厅的信息系统，对一般公共预算、政府性基金预算、国有资本经营预算，以及社会保险基金预算的编制、执行、调整及决算的全过程进行监督，实现报表查询、智能分析、智能预警、动态监控、比对纠错等功能，推进人大预算审查监督信息化和自动化，提高人大预算审查监督的效率。同时，与财政、国资、自然资源等管理部门的数据对接，实现对国有资产全口径、全覆盖监督，着力解决国有资产底数不够清楚、管理不够公开和透明、人大监督职能发挥不够等问题。

此外，C省人大预算联网监督系统通过数据接口、数据资源下载等方式，提供数据共享应用服务。而且，基于对智能移动终端的开发，C省人大预算联网监督系统打破了时间与地域限制，系统用户能够随时随地查看预算审查文件、预算监督数据以及相关意见和处理意见，并与之交互，实现线下即时办公。

4. 总结与启示

在上述三个案例中，A省财政厅和B市财政局的预算绩效管理系统围绕预算实施的全流程开展，涉及预算绩效管理的事前、事中和事后三个环节，C省人大预算联网监督系统则主要是对预算管理过程进行监督。三者之间的共性包括以下几个方面。第一，对所涉及的地域实现全覆盖。例如，C省人大预算联网监督系统强调实现纵向贯通，打通与市、县、乡人大的数据共享，实现了集约化和统一化建设。第二，确定了数据采集、存储和管理方面的规范和标准。第三，打破部门间壁垒，实现数据共享。上述三个案例均强调实现对相关部门的数据接入，实现数据整合。第四，强调数据分析的智能化，包括使用分析模型对数据进行处理，以及基于数据分析结果自动生成报告等。第五，强调实时监控，从而能够及时发现问题并进行纠错。因此，从上述案例可以发现，预算绩效管理系统在极大程度上解决了如数据标准化和数据共享等基本问题。而且，预算绩效管理系统对数据共享、实时监控、智能化的强调也对数字政府建设提出了更高要求，有助于促进非预算管理部门的数字化转型进程。

然而，上述案例也显现出多个问题。其一，预算绩效管理系统主要是对来自政府内部的数据进行分析，忽视了公众参与在预算编制、执行、监督、评价等过程中所能发挥的作用，没有提供相应的对政府外部的信息和数据的接入模块，以及预算绩效信息对公众开放的功能。其二，预算绩效管理的开展不仅依赖数据平台所提供的技术支撑等硬实力，还要求具有与全面预算绩效管理相一致的绩效治理理念，以及能够提供足够人力支持的预算管理队伍等软实力，但这方面并未在案例中得到集中体现。其三，包括预算管理在内的数字化和智能化转型的主要目的之一在于应对高不确定性的外部环境，因此在预算编制和实施过程中，可能会因为不可预测因素的影响使预算执行受到影响。此时如何保持预算管理系统的柔性，如在临时追加预算后如何对预算目标进行调整和监控等，仍然有待进一步解决。

（二）包含预算功能的财经数据平台

财经数据平台的主要目的在于提高财政资金的使用效率，平台的建设主体为各省（自治区、直辖市）的财政部门，这里主要以 D 市财经大数据平台和 E 州大数据平台为例。

1. D 市财经大数据平台

D 市财经大数据平台通过构建"用数据说话、用数据决策、用数据管理、用数据创新"的智慧财政系统，实现对 D 市财政资金的全覆盖、全反映和全支撑。在标准化和规范化的财政数据基础上，大数据平台汇总了互联网数据和全市多个部门数据，并在对业务数据进行处理后，形成了由贴源数据库、实时数据库，以及各类主题数据库、专题数据库和分析指标库等组成的数据中心。在技术方面，基于云计算、大数据架构、支持关系数据存储、对象数据存储、数据仓库、分布式计算等，满足了大规模数据对于横向扩展性的技术要求，具备现状分析、预警预测和决策支持三类应用的支撑能力（见图 3－4）。

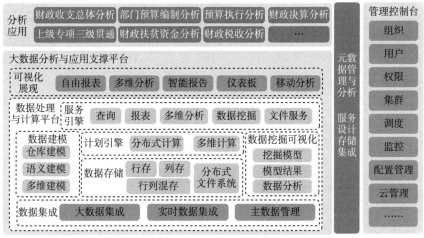

图 3－4　D 市财经大数据平台

资料来源：北京用友政务软件股份有限公司提供。

财经大数据平台的建立满足了以财政业务控制框架为核心，实现财政资金管理闭环回路的管理要求，在预算绩效管理方面达成了以下目标：第一，基于财政业务基础的标准体系，采集相关业务数据，在财经大数据平台底层合并为一套统计核算、会计核算总台账；第二，通过财政资金台账记录，反映财政和预算编审、预算执行及各财政业务系统产生的经济活动，包括预算资金和现金流，以及预算单位人、财、物的动态和静态数据；第三，统一的财政资金总台账，从统计和会计角度为各级财政决策、管理和监督提供数据服务。

2. E 州财政局"数据铁笼"项目

E 州聚焦于建立全面规范透明、标准科学、约束有力的预算制度，构建财政业务、资金监管、项目管理、分析应用的"数据铁笼"（见图 3 - 5），着力打造"变人跑为数跑、变人监为数监、变人控为数控、变人管为数管"的财政大数据体系，将全州的全部预算安排资金纳入管理，实现了财政资金全覆盖和预算单位全覆盖，取得了积极效果。

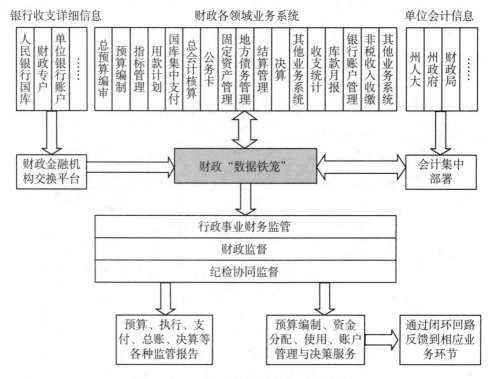

图 3 - 5　E 州"数据铁笼"应用架构
资料来源：北京用友政务软件股份有限公司提供。

第一，财政业务"数据铁笼"变人跑为数跑。其一，业务系统标准化。以财政资金为主线，将预算编制、资金分配、资金下达、资金支付、资金监控、账务核算等多个分散独立的业务系统进行整合，实现全州数据互通、互联、互控，构建起覆盖财政所有业务、代理银行和所有预算单位的财政业务应用一体化平台，形成财政业务"数据铁笼"。

其二，工作流程标准化。按照《预算法》规定，结合内控管理要求，将预算管理工作全过程纳入系统。将工作流程、岗位设置、权限分配固化并统一植入系统管理，使财政业务工作效率得到普遍提高，精细化管理水平得到有效提升。

其三，业务链条标准化。以资金流向为主线，将转移支付及本级预算安排的资金统一下达，形成清晰的资金来源数据链。

第二，资金监管"数据铁笼"变人监为数监。其一，财政监管基层化。按照资金使用和监管相分离的原则，明确乡级预算单位履行会计核算的职能，将国库集中支付职能延伸到乡级财政。

其二，资金监管全程化。财政资金分配、下达和支付等各个环节，全部在"数据铁笼"平台内完成，所有操作实现系统内留痕。通过正向追踪和逆向追溯，可准确厘清资金的来源、分配、使用方向和最终收款人，以及在各个流程节点的处理情况、停留时间、预算单位的会计账务处理情况等基本信息，实现监管全程化。

其三，资金监管动态化。使用系统对财政资金支付进行事前、事中动态监控，对于违反监控规则的行为，实时预警或拒绝支付，切实保障资金安全。

其四，会计监管集中化。在平台上统一部署账务集中核算系统，形成标准化账务处理流程，实现所有预算单位在同一系统内、按同一标准进行账务核算。打通国库集中支付系统与预算单位账务集中核算系统之间的数据关联，资金支付与会计核算实现无缝对接。

第三，项目管理"数据铁笼"变人控为数控。其一，项目资金管理精准化。为确保项目资金使用高效安全，在平台上部署项目（合同）管理系统，预算单位的所有项目资金支出，都以合同（或"虚拟合同"）的形式在系统中录入项目基本信息。

其二，项目资金使用精准化。通过系统完成四个"比对"，可有效控制项目资金挤占挪用的现象，切实提升项目资金管理使用精准度，确保专款专用，基本实现变人员控制为数据控制的预期目标。

其三，项目补助发放精准化。项目补助资金由预算单位在项目（合同）系统中以"虚拟合同"的形式录入基本信息，填报对应的补助资金发放清册，有效控制了补助资金截留、冒领和乱领等行为。

其四，数据交换共享实时化。已形成支出的项目（合同）基本信息、补助资金发放清册信息等，通过系统实时自动推送到黔西南州"智慧金州"大数据平台，实现与其他脱贫攻坚系统数据的有机链接，为项目决策提供精准的价值参考。

第四，分析应用"数据铁笼"变人管为数管。其一，业务融合常态化。在各业务系统集中部署、数据有效关联的基础上，构建"数据铁笼"分析应用平台，纵向、横向打通分析应用平台与其他各业务系统的数据交换渠道，实现数据关联共享。

其二，责任落实层级化。在"数据铁笼"分析应用平台上，层层把控财政资金在各个环节的流转情况，实时提供各类资金分配及支出情况，提高资金的使用效率和保障资金安全。

其三，决策辅助精细化。通过对各类资金分布情况、使用情况等数据的综合分析，形成从政策控制、过程控制到效率控制的高效支出控制机制，强化资金监督力度。

3. 总结与启示

从财经大数据平台的案例可以看出，相较于功能较为单一的预算管理系统，财经大数据平台具有更多功能。而且，预算管理作为财经大数据平台的主体，不仅能够依托于平台实现预算管理自身职能的更好履行，同时也有助于提高财政资金的使用效率，更好地发挥财经大数据平台的作用。因此，全面预算绩效管理的开展和财政部门的数字化转型存在彼此相互促进的关系。但值得注意的是，财经数据平台可能在项目评价方面存在问题。

问题出现的原因在于，财经数据平台的目的之一是提高财政资金管理的自动化和智能化水平，但是财政资金涉及不同部门和不同区域中的不同项目，而这些项目在实施过程中会受到外部环境、项目实施条件和预算投入等因素的影响。因此，在通过一体化平台对财政数据进行集中整合、分析和监控时，一方面是如何实现评价指标对项目完成全覆盖，即保证评价指标的完整性；另一方面则是如何在标准化的体系框架内，实现根据不同项目客观条件的差异对评价指标进行差异化处理，以保证项目评价和分析的准确性。

（三） 以其他政府职能为主的数据平台

预算管理作为项目实施的主要功能模块，也存在于为了更好地履行除财政以外的其他政府职能而建立的数据平台中，以 F 省人力资源与社会保障大数据应用平台为典型案例。

1. 案例介绍

F 省为推进人力资源和社会保障信息化建设，建立了覆盖省、市、县（区）、街镇四级网络的人力资源与社会保障大数据应用平台（以下简称"社保大数据应用平台"），全省 150 多个人社行政管理部门和 600 多个社保经办机构实现了网络互联（见图 3－6）。该项目旨在为全省社保业务、财务监管分析系统、部省联网监

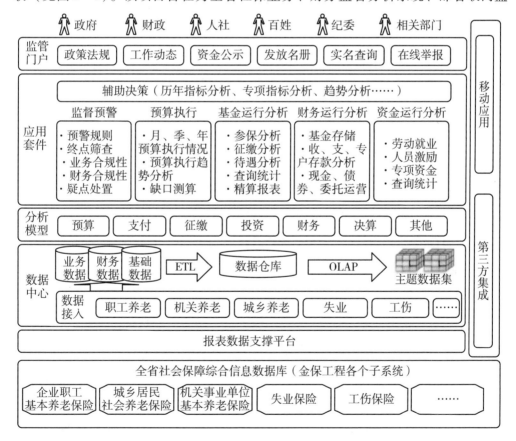

图 3－6　F 省人力资源与社会保障大数据应用平台

资料来源：北京用友政务软件股份有限公司提供。

测应用、统计台账和统计核算分析、决策支持系统、精算、对外公共信息服务、联网即时审计以及与其他部门信息交换等多项业务，提供完整和实时的公共数据源，从而实现由单一的社保经办业务管理向经办、监测、预警、分析并重的复合经办管理的转型。

F 省人力资源与社会保障大数据应用平台的建设内容主要包括全省集中的社保报表体系，社保数据采集标准接口体系，集中社保数据库，社保运行分析体系，社保监控预警、效果评估与报告体系，以及 App 手机端应用六个部分。在数据采集、存储和管理方面，通过制定数据采集及数据管理的标准和规则，确定数据使用、开放等环节的程序、范围和责任，建立了以社保基金财务数据和业务数据为主的数据中心。在数据整合基础上，社保大数据应用平台融合了社保运行分析系统，监督预警系统、效果评估与报告体系，以及 App 手机端应用，通过创新基金监管模式、支持社保全流域业务分析、业务违规即时预警和自动生成分析监控报告等提高了经济效益和社会效益。

第一，创新基金监管模式。传统基金监管模式是任务从上至下逐级下发，统计的数据或形成的汇总报告再从下至上依次反馈，不但效率低、耗时长，而且手工统计数据容易出现误差。创新后的基金监管模式能够迅速形成分析报告并及时反馈，不但能够实时掌握基金运行状态，还可以通过科学统计方法避免手工操作可能出现的误差。

第二，支持社保全流域业务分析。社保大数据应用平台实现了对参保、征缴、待遇支付等全流域的指标监管分析，从各指标总体趋势变化、年计划任务执行进度、待遇支付项目构成、享受待遇人次、待遇支付金额等角度进行分析，重点分析影响征缴收入因素、负担系数、在职退休比等，从而为社保征缴、管理、待遇发放以及劳动就业等业务提供有效的决策支持和有力的监管。

第三，实现业务违规即时预警。社保数据平台能够监控基金运行过程中的财务处理情况、大额支出、基金调拨、待遇支付和违规违纪情况等，如监控跨统筹区重复参保、参保个人缴费基数一致性、未满缴费年限领取养老金、人员已死亡但继续享受养老待遇等情况。

第四，自动生成分析监控报告。通过配置报告模块，自动生成业务经办、专题、财务业务疑点分析报告。提供多角度、全面的分析与政策评价结果，为社保决策和外部监督提供科学依据。在监管分析系统的成果中心，存储着参保扩面、征缴因素分析、负担系数、基金支撑能力、待遇支付费用分析等信息，将上述信息通过参数绑定的方式自定义配置报告模板后，即可根据模板自动生成监控报告。

2. 主要启示

F省社保大数据应用平台作为政府部门数字化转型的典型案例，与预算绩效管理系统和财经大数据平台相类似，实现了集约化和统一化的系统建设，无需地市、区县重复进行建设，而且利用算法模型等分析方法对数据进行智能化分析也有助于提高管理效率，以及决策的科学性、精准性和严谨性。

此外，从该案例中也可以发现，社保大数据应用平台也为预算绩效管理的开展推进奠定了基础。一方面，数据采集和管理标准的制定采用更为科学化的数据获取方式，建立的数据中心巩固了预算管理的数据基础；另一方面，社保大数据应用平台汇集的分析模型可以对数据价值进行有效的归集挖掘，有助于提高预算绩效管理的智能化程度和预算编制的科学性。

通过对该案例的具体内容进行分析可以发现，不同于财经大数据平台，社保大数据应用平台仅将预算作为平台的一个应用套件，没有对预算管理给予应有的重视，从而可能限制预算管理所具有的对社保业务整个环节进行全流程监管，以及提升社保部门管理能力的作用。例如，在社保资金支出之后，可以根据预算目标对实施情况进行系统评估，通过应用预算绩效的评价结果，可以进一步提升社保资金的使用效率。

五、总结与建议

在新冠肺炎疫情的冲击下，数字技术应用范围进一步拓展，向生产生活领域和公共治理领域广泛渗透，不仅使得数字经济的经济发展主引擎作用更加牢固，而且推动政府加快数字化转型以及国家治理体系快速创新。预算绩效管理是国家治理现代化的重要制度供给，在数字经济时代面临的挑战与机遇同样突出。在数字经济发展倒逼政府数字化转型加快实施的背景下，以数字政府建设作为契机和依托，以数字为主线开展全方位、全过程、全覆盖的预算绩效管理，是如期推进国家治理体系和治理能力现代化的重要基础和根本保障。

预算绩效管理是影响政府数字化转型进度的决定性因素之一，而政府数字化转型又从不同方面改变着预算绩效管理所处的环境和约束。正如各地相关实践所示，政府数字化转型和预算绩效管理紧密相关、互为依托、相互促进，是国家治理特别是财政治理现代化的双轮驱动。同时也要看到，政府数字化转型和预算绩效管理的协同受到较多理念因素和制度因素的制约，其潜在作用得不到充分发挥。现阶段，应当以各地积极实践的成果和经验为基础，以深度融合和协同互动为基准，有序推进政府数字化转型和全面实施预算绩效管理，让两者真正成为国家治理体系和治理能力现代化的双轮驱动。

以政府数字化转型为依托推进全面预算绩效管理，应当把握几个重点：一是加快理念创新，充分认识政府数字化转型和预算绩效管理的内在关联性，为跨区域、跨领域的多元协同营造适宜、可行的环境；二是深化体制改革，打破阻碍政府数字化转型和预算绩效管理联动的制度性因素，为全过程开放和全要素共享创造有利条件；三是做好顶层设计，通过制定中长期规划和优化联动机制设计，让政府数字化转型和预算绩效管理在深入融合中协同推进；四是强化央地协同，确保中央和地方两级的数字政府建设有序推进，实现全国标准化和区域差异性的有机结合，既要避免过度标准化导致的局部失效，也要规避各自为政引发的互联互通不足和数据自由流动受阻；五是加强公私合作，充分发挥各类社会和市场主体在数字政府建设和预算绩效管理中的技术、资本、人才等优势，加快政府数字化转型和全面预算绩效管理的进程；六是推进社会共治，将共治、共建、共享的理念融入政府数字化转型和预算绩效管理的每一个环节，积极引导市场和社会力量参与数字政府建设和公共治理。

参考文献

[1] 陈昌盛，李承健，江宇. 面向国家治理体系和治理能力现代化的财税改革框架研究 [J]. 管理世界，2019，35 (7)：8 - 14 + 77.

[2] 陈建华，曾春莲. 地方财政治理中大数据运用研究——以地方政府内部控制为例 [J]. 北京行政学院学报，2019 (6)：47 - 54.

[3] 陈朋. 大数据时代政府治理何以转型 [J]. 中共中央党校 (国家行政学院学报)，2019，23 (6)：25 - 30.

[4] 戴祥玉，卜凡帅. 地方政府数字化转型的治理信息与创新路径——基于信

息赋能的视角 [J]. 电子政务, 2020 (5): 101 - 111.

[5] 丁志帆. 数字经济驱动经济高质量发展的机制研究: 一个理论分析框架 [J]. 现代经济探讨, 2020 (1): 85 - 92.

[6] 杜庆昊. 数字经济协同治理机制探究 [J]. 理论探索, 2019 (5): 114 - 120.

[7] 冯海波. 新时代预算绩效评价的逻辑转换、现实挑战及路径选择 [J]. 经济纵横, 2019, 402 (5): 2 + 73 - 79.

[8] 胡若痴, 武靖州. 部门整体支出绩效目标编制优化原则研究 [J]. 财政研究, 2014 (6): 36 - 39.

[9] 李学. 数据质量、大数据执行机制与财政信息公开制度建设 [J]. 学术研究, 2019, 412 (3): 67 - 74.

[10] 马蔡琛, 赵笛. 大数据时代的预算绩效指标框架建设 [J]. 中央财经大学学报, 2019 (12): 3 - 12.

[11] 马海涛, 刘斌. 参与式预算: 国家治理和公共财政建设的"参与"之路 [J]. 探索, 2016 (3): 79 - 84.

[12] 马骏. 数字化转型与制度变革 [M]. 北京: 中国发展出版社, 2020.

[13] 芮明杰等. 平台经济: 趋势与战略 [M]. 上海: 上海财经大学出版社, 2018.

[14] 王萍, 黄新平, 陈为东, 李亚男. 政府网站原生数字政务信息云归档模型及策略研究 [J]. 情报理论与实践, 2016, 39 (4): 64 - 69.

[15] 王姝楠, 陈江生. 数字经济的技术—经济范式 [J]. 上海经济研究, 2019 (12): 80 - 94.

[16] 许峰. 地方政府数字化转型机理阐释——基于政务改革"浙江经验"的分析 [J]. 电子政务, 2020 (8): 1 - 21.

[17] 张建锋. 数字政府2.0 数据智能助力治理现代化 [M]. 北京: 中信出版集团, 2019.

[18] 张鸣. 从行政主导到制度化协同推进——政府数字化转型推进机制构建的浙江实践与经验 [J]. 治理研究, 2020, 36 (3): 26 - 32.

[19] 张顺, 费威, 佟烁. 数字经济平台的有效治理机制——以跨境电商平台监管为例 [J]. 商业研究, 2020 (4): 49 - 55.

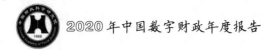
［20］中欧案例中心．平台链接：生态圈与大数据应用［M］．上海：复旦大学出版社，2017.

［21］钟伟军．公民即用户：政府数字化转型的逻辑、路径与反思［J］．中国行政管理，2019（10）：51 –55.

［22］Reinsel D. , Gantz J. , Rydning J. . The Digitization of the World：From Edge to Core［R］. Report，IDC，2018.

下篇

财政大数据应用

第四章

财政大数据应用成熟度模型：
构建、评估与展望

一、研究背景、目标及价值

（一）研究背景

当前我国正处于数字经济快速发展阶段，数字经济是继农业经济、工业经济之后一种新的经济社会发展形态，日益成为全球经济发展的新动能。以云计算、大数据、人工智能、区块链、物联网等为核心的数字技术推动了数字经济的蓬勃兴起，为经济和社会的发展带来了深刻变革。数字技术在重塑商业世界的同时，赋能国家治理的现代化，加速了政府治理和服务模式的数字化转型，因此数字技术的发展被赋予了新的使命。建设"数字政府"是基于数字技术时代背景下的政府创新变革，其核心是增强治理能力、优化业务流程、提升政务质量、升级服务效率，涉及政府自身改革及外部环境的全方位系统性变革，是顺应数字经济发展和打造数字经济发展新引擎的战略举措。

在数字技术的发展与应用中，大数据已成为国家重要基础性战略资源，是数字经济发展的关键生产要素，是发挥数据价值的使能因素，是驱动数字经济创新发展的核心动能。2015 年国务院印发《促进大数据发展行动纲要》，明确指出要把"加快政府数字开放共享、推动资源整合、提升治理能力"作为三大任务之一，"政府数据资源共享开放工程""政府治理大数据工程"是十项工程的核心组成部分。2016 年，工业和信息化部印发《大数据产业发展规划（2016—2020 年）》，全面统筹大数据产业发展。党的十九大报告提出要"推动互联网、大数据、人工智能和实体经济深度融合"，进一步突出了大数据作为国家基础性战略资源的重要地位，掌握丰富的高价值数据资源日益成为抢占未来发展主动权的前提和保障。2020 年，工信部将"5G 基站建设、大数据中心、人工智能"等七大领域列为"新基建"，以技术创新为驱动，实现国家生态化、数字化、高速化发展。发展大数据成为各行业信息化建设的战略之举。

在此形势下，财政作为国家治理的基础和重要支柱，是数字政府建设的关键领域，同时数字技术与财政业务融合，打造"数字财政"是时代之趋，是走向现代财政的必由之路。2016 年财政部在全国财政信息化工作会议上提出"创新理念，积极开展财政数据应用""用数据说话、用数据决策"等指示。2018 年财政部召开网络安全和信息化领导小组会议，提出要积极开展财政大数据应用，着力推动财政网信工作从以"流程为主线"向以"数据为核心"转变。2019 年财政部印发《关于推进财政大数据应用的实施意见》通知，为财政大数据建设指明方向，要求"构建财政大数据中心体系""建立数据整合共享机制""开展财政大数据重点应用"等。在一系列政策的指引和支撑下，数字财政时代已经到来，大数据环境下的财政信息化建设中，新产品、新应用、新模式、新业态不断涌现。财政数据的加速流通与价值的深度挖掘，驱动传统产业向数字化和智能化方向转型升级。

我国财政业务历经数十年的发展，积累了海量的数据资源和丰富的业务经验，全国多地财政部门正积极推进财政大数据综合利用工作，全面实施财政大数据应用建设行动，目前取得了一定的成果。但针对财政领域大数据建设的技术与应用标准尚未形成，各地财政部门大数据实施的政策制度、数据条件、业务需求、组织保障等不同，财政大数据应用建设呈现出发展不均衡、数据利用不充分、行业应用深度不够、数据开放共享进展缓慢等问题。编制"财政大数据应用能力成熟度模型"（以下简称"成熟度模型"）的工作，是通过对国内外行业成熟度模型建设的研究，对各行业大数据应用建设的顶层设计、需求、应用设计、案例等的梳理，从战略规划、组织保障、技术平台、应用设计、创新影响等角度，设计一套科学的、客观的、统一的财政大数据应用能力成熟度量化标准和评估方法，旨在为各地财政部门实施财政大数据应用建设提供指导、解决问题，并在此基础上进一步改进和优化相关工作，促进财政大数据向规范化、资产化、业务化、智能化发展。

（二）研究目标及价值

成熟度模型作为一个解释型或标准化概念，被广泛应用于计算机、管理、医疗等多个不同领域，如著名的 CMMI 能力成熟度模型、SPICE 软件过程改进和能力提升模型、项目管理成熟度模型等。成熟度模型是对于在财政领域进行大数据应用建设时，其特定能力从最初到达到期望目标过程的演化进度的描述，是一种对所关注领域进行评估的工具和持续改进的方法，用于把成熟度要素分成若干不同阶段，并评估领域现状和所处发展阶段。

成熟度模型作为一套管理与评估方法论，能够精练地描述财政大数据应用由顶层设计到建设再到应用的演进路径，我们将其描述为几个有限的成熟级别，每个级别有明确的定义、相应的标准、实现其的必要条件、需要达到的阶梯目标等。从初始级到最高级，各级别之间具有顺序性，每个级别都是前一级别的进一步完善，也是向下一个级别演进的基础，呈现出财政大数据应用递进式发展的过程。

通过应用成熟度模型，财政部门能够对其自身所处的发展阶段、现状、能力、质量、发展路径有清晰的认知；根据成熟度模型进行科学、客观的自我评估与诊断，识别当前财政大数据应用建设的不足，引导其科学地弥补战略目标与现状之间的差距，推进大数据向更高水平学习和发展；可将成熟度模型作为不同地区政府之间大数据建设能力比较与衡量的基准，以减少差距，平衡发展。通过应用成熟度模型，可以有效解决财政大数据应用如何规划、如何建设、如何评估和如何提升四个关键问题；可将成熟度模型作为衡量与评价各地财政部门大数据实施水平的重要手段，帮助政府深入探索与挖掘财政数据价值，提升财政治理能力和推进治理体系现代化。

通过成熟度模型的建设，可以帮助财政部门回答如下问题。

问题一：财政部门目前处于财政大数据应用的哪个阶段、什么水平，当前存在的问题是什么，当前现状与战略规划的差距是什么？

问题二：财政部门应该如何确立大数据应用的目标范围，已有的发展规划是否符合未来发展趋势和要求，如何做出科学、合理的规划？

问题三：财政部门成功实施财政大数据应用的依据是什么？关键点是什么？需要何种能力支撑大数据应用建设？如何分步骤有条理地实施？

财政部门应在财政大数据应用能力成熟度模型的基础上，科学客观地制定财政业务部门的大数据应用规划和实施方案。

二、财政大数据应用能力成熟度模型基本构成

财政大数据应用能力成熟度模型构建的方法论包括模型组成、模型评价和模型应用，其建设路径如图 4 – 1 所示。

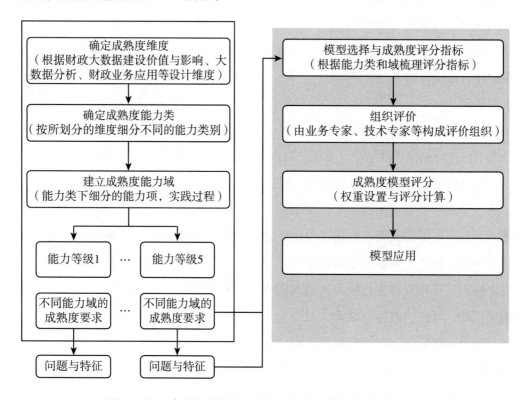

图 4 – 1　财政大数据应用能力成熟度模型的构建路径

通过借鉴行业先进的 CMMI 能力成熟度模型、数据管理能力成熟度评估模型等，结合政务领域大数据平台建设经验、财政领域对大数据应用建设的要求，形成财政大数据应用能力成熟度模型框架（见表 4 – 1）。

表 4 - 1　　　　　　　　　财政大数据应用能力成熟度模型框架

维度	核心要素
引导力维度	创新与价值管理
	风险与合规管理
	可持续发展与社会责任
	战略与组织
财政应用维度	财政收入
	财政支出
	国库现金
	债务
	国资
	财政宏观
大数据分析维度	信息
	治理
	分析
	架构

　　财政大数据应用能力成熟度模型中对维度、能力类、能力域和能力等级的定义如下。

（一）维度

　　维度代表对财政大数据应用能力成熟度的视角，本章从引导力维度、大数据分析维度和财政维度三个方面对成熟度模型进行阐述，表明我们在追求领先性的角度剖析大数据分析技术在财政业务领域的应用。

　　引导力维度体现了在财政技术应用中秉持创新优先、体现价值、防范风险和坚持可持续发展的技术应用路线。财政应用维度体现了注重业务需求、围绕业务痛点、从业务中来到业务中去的建设思路。大数据分析维度从信息、治理、分析和架构方面全面客观地对大数据分析技术应用程度进行刻画。

（二）类和域

描述所列的类和域代表了财政大数据应用关心的核心要素，是对引导力维度、财政应用维度和大数据分析维度的深化和具化，域是对类的进一步细化阐述。3 个维度包括 14 大类核心要素，多角度描述了财政大数据应用的成熟度状态。

（三）等级定义

等级定义了财政大数据应用在不同维度和不同能力类的阶段水平，刻画了当前财政大数据应用的程度，是成熟度模型应用评估的结果，也是财政部门有方法有计划开展大数据应用的目标和行动路径。

财政大数据应用能力成熟度模型确定了 5 个成熟度评估等级：L1 - 初始阶段、L2 - 基础阶段、L3 - 稳定阶段、L4 - 成熟阶段和 L5 - 持续优化阶段（见表 4 - 2）。

表 4 - 2 　　　　　　　　　　　　**财政大数据成熟度能力等级定义**

成熟度评估等级	定义
L1——初始阶段	· 具有财政大数据应用需求，但数据应用处于临时和被动状态 · 在业务系统中建设有基本统计功能，没有实现跨系统的数据集中和数据统计分析 · 财政业务中的数据应用集中在向上统计汇报和处室内部使用
L2——基础阶段	· 建立财政大数据应用规划并开始主动探索，处于非体系化状态 · 实现数据集中和专门的数据应用系统，能够实现跨系统跨业务处室的分析 · 财政业务中的数据主要应用于统计报表和财政现状分析
L3——稳定阶段	· 形成财政大数据应用体系并正式进行建设，满足财政大数据应用基本要求 · 在数据交换和数据治理方面达到了较高水平，在财政领域实现数据标准化和数据应用体系化 · 财政业务中的数据应用扩展到预警预测和决策支持的较高阶应用，能够在财政业务中充分利用数据洞察结果

成熟度评估等级	定义
L4——成熟阶段	· 量化阶段，通过大数据建设获取较大的业务价值，具备对财政业务产生影响的能力 · 数据成为有价值的资产，具备向财政部门外提供数据服务的能力 · 财政业务与大数据应用深度结合，大数据应用系统在财政业务日常运营中不可或缺
L5——持续优化阶段	· 财政大数据应用建设实现持续优化，具备输出财政大数据应用最佳实践的能力 · 在数据应用的同时关注数据的生产，实现数据生命周期的有效管理 · 财政业务通过大数据应用进行重塑，实现财政业务流程和决策的同步优化

财政大数据应用能力成熟度模型架构和能力成熟度模型由 3 个维度、14 个能力类、45 项能力域及 5 个等级能力要求构成。财政大数据应用能力成熟度模型矩阵如表 4 – 3 所示。

表 4 – 3 　　　　　　　　财政大数据应用能力成熟度矩阵

序号	维度	能力类	能力域	L1 级	L2 级	L3 级	L4 级	L5 级
1	引导力维度	创新与价值管理	业务与技术创新	—	—	■	■	■
2			业务收益与运行效率	—	—	■	■	■
3		风险与合规管理	操作风险	—	—	■	■	■
4			流动风险	—	—	■	■	■
5		可持续发展与社会责任	数据共享与开放	—	—	■	■	■
6			财政行为影响力	—	—	■	■	■
7		战略与组织	数据实施战略	■	■	■	■	■
8			管理制度与流程	■	■	■	■	■
9			管理组织建设	■	■	■	■	■
10	财政应用维度	财政收入	财政收入全景分析	■	■	■	■	■
11			税源分析	■	■	■	■	■
12			收入趋势预测	■	■	■	■	■
13			智能分析报告	—	—	■	■	■

序号	维度	能力类	能力域	L1 级	L2 级	L3 级	L4 级	L5 级
14	财政应用维度	财政支出	财政支出运行监测	■	■	■	■	■
15			支出预警与预测	■	■	■	■	■
16			支出行为评价	■	■	■	■	■
17			智能编审与支付	—	—	■	■	■
18		国库现金	国库库款分析	■	■	■	■	■
19			国库现金管理评价指标	—	—	■	■	■
20			国库现金趋势预测	—	■	■	■	■
21		债务	存量债务分析	—	■	■	■	■
22			债务趋势分析	—	■	■	■	■
23			地方债务风险预警与评估	—	—	■	■	■
24			政府债务分析报告	—	■	■	■	■
25		国资	国资综合查询与分析	—	■	■	■	■
26			资产地图	—	■	■	■	■
27			金融/非金融企业监管	—	—	■	■	■
28		财政宏观	经济景气监测预警	—	—	■	■	■
29			经济运行健康度评估	—	—	■	■	■
30			财政与宏观经济影响分析	—	—	■	■	■
31			经济运行趋势预测与仿真	—	—	■	■	■
32	大数据分析维度	信息	数据集成与共享	■	■	■	■	■
33			数据模型	■	■	■	■	■
34			数据资产	■	■	■	■	■
35			数据监控	■	■	■	■	■
36		治理	数据治理机制	■	■	■	■	■
37			数据标准规范	■	■	■	■	■
38			元数据管理	■	■	■	■	■
39			数据质量与安全	■	■	■	■	■
40			数据生命周期管理	■	■	■	■	■
41		分析	数据分析能力	■	■	■	■	■
42			算法与模型能力	—	—	■	■	■
43			数据服务能力	■	■	■	■	■
44		架构	基础设施	■	■	■	■	■
45			架构标准	■	■	■	■	■

注：矩阵内，"—"表示暂不涉及该级别的能力建设，"■"表示需要在该级别建设的相关能力。

三、财政大数据应用成熟度模型数据来源

成熟度模型的建设，无论是从数据平台还是应用设计的层面进行研究，都离不开数据源的支撑，数据源是实施大数据应用建设的基础。而数据源的获取途径、获取方式、质量好坏、价值高低、安全可靠、传输稳定等，将对后续数据研发产生极大的影响。成熟度模型源数据的采集，将基于财政部业务规范和技术标准，形成一致的数据标准。我们将数据源划分为内部数据和外部数据，其中，内部数据是基于财政业务自身运营而产生的数据，外部数据是与财政业务发展相关的跨业务数据以及互联网公开数据等，用以补充财政数据源，满足海量的数据分析需求。

预算管理数据是财政部规定的内部数据中最为关键的部分，涵盖省、市、县、乡的基础信息（资产信息、部门基础信息、财政供养人员）、项目库信息、预算编审信息、预算指标数据、中央专项、专项资金、用款计划、支付申请、支付凭证、决算数据、财务报告数据、绩效数据、会计核算模块等数据，其中各模块分别包含若干子数据源。专项系统数据涵盖非税系统、政府采购系统、国有资产系统、地方债务系统、会计核算系统等数据，其中各模块分别包含若干子数据源。外部数据涵盖国税局税务数据、工商局企业登记数据、公安局人员数据、银行支付明细数据、统计局统计数据等。

按财政应用维度的能力域，对财政收入、财政支出、国库现金管理的数据源进行梳理。

（一）财政收入分析主要数据源

• 收支月报和统计数据，支撑公共财政预算、政府性基金预算的总体收入的分析；

• 财税库横向联网系统数据，支撑按科目、征收机关、收入级次的分析；

• 税务数据，支撑税种、级次、行业、区划、企业所有制、企业等维度的数据分析，包括纳税人登记信息、税款征收信息、企业财务数据等；

● 非税数据，支撑非税的征收科目、行业、行政区划、征收对象、日期、征收项目等维度的分析；

● 涉税信息，包括统计局、市场监督局、不动产局、住建局、发展改革委、工信部等相关部门涉税的信息。

其中，财政收入的分析度量可包括：全口径收入、税收收入、非税收入、中央级收入、一般公共预算收入、收入预算、计税依据、税率、价格、销售金额、销售数量、国内生产总值（GDP）、统计数据、基金收入、债务收入、社保基金收入、国有资本经营收入、转移支付收入等。分析主题可包括：财政收入主题、税收收入主题、非税主题、债务收入主题、基金收入主题、社保基金收入主题、转移支付收入主题、税源信息主题等。

（二）财政支出运行主要数据源

● 收支月报，支撑按区划和支出功能分类的分析；

● 国库集中支付系统，支撑按业务处室、预算单位、预算项目的明细分析；

● 预算指标、核算、部门决算、财政决算等系统数据，支撑横向支出一体化分析与监控；

● 上下级财政、主管部门数据，支撑纵向系统分析、横向专项资金分析与监控。

财政支出的分析度量可包括："四本预算"、预算指标、计划用款、支付凭证、核算、决算、国有资产、专项资金、人员经费、政府采购、公务卡、热点支出、扶贫资金、公用经费、人员经费、"三公经费"、民生资金、转移支付、结余资金等。分析主题可包括：支出全景分析、预算执行进度分析、支出规模与结构分析、重点支出项目分析、专项纵向贯通分析、资金横向联通分析、项目画像、违规支出预警、偏离预算预警、支出进度预测与评价等。

（三）国库现金管理主要数据源

● 财税库银横向联网系统，获取当前收入数据；

● 预算执行系统，获取指标、计划和支付数据，对未来支付情况进行分析；

- 总账系统，获取历史收入支出数据；
- 债务系统，获取未来债务还款数据。

国库现金管理的分析维度可包括：库款分区划分析、库款余额分月份分析、库款余额分年度分析、库存现金支撑平均每月支出的比率、库款流出分析、近30日库款余额变动情况等。

通过对财政数据的梳理与整合，为财政大数据应用能力成熟模型建设提供全面支撑。部分数据的获取需要多系统数据的融合，部分外部数据可以从互联网公开获得，这里不作详细介绍。

四、财政大数据应用成熟度评估方法

成熟度模型用于衡量财政部门在大数据应用方面的综合能力，兼顾财政和大数据应用两个维度，在模型应用上可以分为两种表现形式：整体成熟度模型和单项能力成熟度模型。整体成熟度模型为财政部门提供了全面评估利用大数据技术来促进财政业务水平提升的一种路径，而单项能力成熟度模型为财政部门针对某一类关键领域的大数据应用提供持续性改进的一种路径。

整体成熟度模型用于衡量财政大数据应用的综合能力，主要在为财政部门在落实财政部相关政策指引和制定相关规划时提供诊断评估和改进计划时使用。财政大数据应用能力成熟度模型分为5个等级，数字越大成熟度越高。例如，成熟度为L1表明财政大数据应用处于初始阶段，需要采取相应的行动计划并进行实施，只有在达到相应的目标后才能够获得更高层级的成熟度模型等级。按照本模型提升财政大数据应用水平是从低到高逐步提升的，很难从较低的等级直接越级提升到比较高的等级，而且每个等级向下包含下一个等级的评价要求。在成熟度模型中部分能力项只有在达到较高等级后才能够进行评价，即随着等级的提升，要实现的能力类和能力域是增加的。

整体成熟度模型等级以及在该等级下应该采集的行动计划和行动目标总结如表4-4所示。

表 4 − 4 成熟度模型等级划分与界定

模型分级	描述	行动计划	行动目标
L1——初始阶段	具有财政大数据应用需求，但数据应用处于临时和被动状态	评估现状，制定财政大数据应用规划	制定财政大数据应用规划并着手实施
L2——基础阶段	按照财政大数据应用规划完成基础建设，并开始主动探索，处于非体系化状态	启动财政大数据应用基础建设，构建体系化的大数据应用体系	建成大数据中心实现数据资产管理；具备初步的大数据应用
L3——稳定阶段	形成财政大数据应用体系并正式进行建设，满足财政大数据应用基本要求	启动财政大数据应用体系化建设	建成财政大数据应用体系，覆盖现状分析、预测预警和决策支持等主要需求
L4——成熟阶段	财政大数据应用可按业务需求实现定量建设，具备对财政业务产生影响的能力	建设财政大数据应用服务平台	建成财政大数据应用服务平台，大数据应用嵌入财政部门的日常业务使用
L5——持续优化阶段	财政大数据应用建设实现持续优化，具备输出财政大数据应用最佳实践的能力	持续优化财政大数据应用，建设财政大数据应用最佳实践	输出财政大数据应用最佳实践

单项能力成熟度模型主要面向财政部门在某些具体领域有提升需求的情况，用于衡量财政部门在某一关键业务领域的财政大数据应用能力，侧重于财政维度的实施。在模型中，大数据分析维度通常更多地侧重技术的综合评测方面。通常财政部门在大数据应用中会侧重某个方面，如在财政宏观分析中做得比较深入，但是财政部门很难在其他方面都还处于较低级别的情况下，在某个方面达到较高级别的水平。财政大数据应用是综合发展的过程，需要遵循科学渐进的步骤，做好基础建设才能够保障综合均衡的发展。

（一）成熟度评价过程

基于财政大数据应用能力成熟度模型，针对财政部门的现状和业务需求，科学地做好成熟度评价，能够帮助财政部门理清现状，制定面向未来支撑财政业务需求的可行规划和实施方案。

（二） 选择模型和评价域

财政部门根据其现状和业务需求，选择整体成熟度模型或者单项能力模型。处于大数据应用初期的财政部门适合选择整体成熟度模型对现状和未来的业务应用作整体评价，并据此制定科学的大数据应用规划，避免在后续大数据应用建设中出现目标混乱或者重复建设的问题。具备一定大数据应用能力的财政部门可以选择单项能力模型，有针对性地对某些特定领域进行评价并实施后续的持续规划、建设和优化过程；通常在此过程中，此类财政部门也会周期性地采取整体成熟度模型进行阶段性评价，以及对整体规划进行调整和优化。

财政部门应结合自身大数据应用现状和业务需求，对成熟度模型的能力域进行裁剪，确定适合自身的能力域进行评价。模型中大数据分析维度下的大部分能力域通常是个持续建设的过程，财政部门在不同阶段均需要对其进行评价，除非某些能力域只在高级阶段才会考虑。模型中财政维度下的能力域可以根据财政部门的建设重点进行一定的裁剪，以契合当前的业务需求。

对具有一定基础的财务部门，可以针对选定维度下的部分能力域进行成熟度评估，即对单项能力模型进行一定的扩展来灵活满足业务需求。但是，该类裁剪只能应用到具体能力域的诊断改进中，不能作为能力类的成熟度评估证据。同时，在大数据应用中需要满足能力项之间的关联关系，以避免选择的部分能力域在成熟度描述方面不完整或不正确的引导。

（三） 成熟度评价指标

针对成熟度模型的能力域等级要求设置不同的问题，我们以对问题的满足程度来评价财政部门是否满足该能力域等级的要求。财政大数据应用能力成熟度模型中对多个维度下的能力类进行了详细介绍，该能力类下的评价标准适用于细分的能力域。在进行成熟度评价时，需要针对细分能力域作进一步的细致评估来获得该能力类的成熟度评价等级。

针对能力域的成熟度要求对问题进行打分，加权平均后形成能力域的得分。对某一个能力域，通常针对5个不同等级的问题都需要进行评估。评估根据该问题分为不满足、基本满足、满足和超越等 4 个级别，评估分数分别取 0、50、80 和 100 分 4 个选项。评估过程有向下兼容的特性，即只有达到较低级别的能力域要求后，才可以申请评估更高级别的能力域。

某能力类达到某一等级的标准时，需要该等级内各域的得分均大于等于 50 分。当成熟度模型评价达到某一等级的标准时，需要该等级内各能力类的得分均大于等于 80 分。如果对该能力域的问题均进行评分，则对应的评分区间如表 4 – 5 所示。

表 4 – 5   成熟度模型各等级评分区间

等级	对应评分区间
L5——持续优化阶段	$[96,100]$
L4——成熟阶段	$[86,96)$
L3——稳定阶段	$[66,86)$
L2——基础阶段	$[36,66)$
L1——初始阶段	$[16,36)$

通过上述成熟度模型评分规则获得相应评分，在该对应等级下根据财政大数据应用建设指导意见，制定相应的目标和行动计划，示例如表 4 – 6 所示。

表 4 – 6   成熟度模型各等级评分示例

等级	目标示例	行动计划示例
L5——持续优化阶段	持续优化	最佳实践
L4——成熟阶段	L5	持续优化
L3——稳定阶段	L4	业务应用
L2——基础阶段	L3	体系化建设
L1——初始阶段	L2	制定规划

五、财政大数据应用发展指数与展望

财政数字化转型的目标是建设数字财政。数字财政建设是一项系统工程，当前的工作重点在于推动开展财政大数据应用，充分整合和挖掘财政、经济、社会数据资源，这是推动财政信息化由传统流程化支撑向数据资源价值发挥、支持财政科学决策的一项重大转变，能够进一步推动政策完善、决策优化和风险预警等业务管理的落实，提升财政部门预算管理水平和财政资金的综合使用效益，创新财政管理机制。

为了更好地推动财政数字化转型，我们试图构建数字财政发展指数，在综合测评地方财政大数据应用能力的基础上，分析财政大数据实施过程中各类能力要素的影响程度，研究总体成熟度评价指标变动中各能力域指标的影响作用。基于系统诊断的结论给出相应的咨询建议，帮助地方更好地推进数字财政建设。

数字财政发展指数聚焦财政引导力、财政应用、大数据分析三个关键领域，这三大板块紧密联系财政大数据应用发展的八大领域——战略、组织、人才、数据、技术、应用、服务、生态，三大板块各有侧重，但密切相联、相互促进。数字财政发展主要体现在以下三个方面。

第一，构建财政大数据应用标准体系。标准体系的建设是财政开展大数据应用的基础，以信息资源规划设计理论作为顶层指导，对财政业和数据进行全面梳理和分析。统一财政基础数据、技术标准、数据交换标准和业务规范，加强财政基础数据资源的管控，打破系统割裂和"信息孤岛"，打通财政大数据资源链路，为财政数据治理和智能化应用建设提供支撑。

第二，打造资产型的财政大数据中心。基于数据标准，构建认识型的数据治理体系，贯穿于财政大数据应用建设的整个生命周期，实现财政数据的高效采集、科学分析、智能应用、智慧服务，同时为财政大数据质量与安全管理提供保障。数据中心通过提供财政业务现状分析、预警预测和决策支持三类数据研发能力，盘活财政数据资产，为财政全面深化应用提供数据架构和应用平台。

第三，深化财政大数据智能化应用建设。数据场景化应用是财政大数据应用未来长期的发展趋势。智能化应用需要基于财政预算收支、国库支付、绩效等财政活动关键节点数据要素的业务分析算法与模型，融合机器学习、知识图谱等大数据环境下的数字技术，洞察财政业务数据中的规律和趋势，挖掘财政大数据的业务价值，实现财政业务由"流程管理"走向"数据驱动"，支撑财政业务向现代化治理与服务推进。

第五章

财政支出政策的结构管理与
国库现金管理

　　财政支出管理主要包括支出结构管理、资金沉淀价值管理和支出规模管理三个层面。支出规模管理总体受到预算管理制度和地方财力状况的限制，属于财政收入的衍生问题，不作为本章讨论的对象。我们将问题的关键集中在支出结构管理、资金沉淀的价值管理两个方面。

　　从支出结构管理来看，主要包括四个业务重点：一是最优配置型结构管理，即根据地方发展的需要和社会的需求，对有限的财政资金进行最优结构的配置，以实现资金使用效果最大化；二是匹配战略型结构管理，每个地区的发展水平不一样，经济社会的发展重点也存在明显的差异，因此政府工作的重心和发展战略的重点也并不一致，在支出的安排上，将优先匹配政府战略，推进和实现发展目标；三是合规型结构管理，主要是指相关的法律法规规定了某一领域的财政支出要达到相应收入或支出的某个百分比，在上述法律法规修改之前，必须得到坚守；四是增速型结构管理，主要是指相关领域的财政支出增速要达到或超过参照的比例增速，从而实现相关保障目标或是政策目的。

　　从资金沉淀价值管理来看，主要考虑四个关键点：一是资金沉淀的规模分析，形成对某一个时点上资金沉淀规模的预测；二是资金沉淀账户体系及账户余额的融通管理要求，部分财政资金属于政府性基金或是法律法规规定的专款专用的资金，尽管有余额，但很难进行统筹调度；三是资金沉淀的时间，从资金时间价值来讲，资金沉淀时间越长，机会成本越大，受损的潜在价值也越高；四是债务收入的形成

时点与对资金存量的补充，政府债务的融资成本较低，而资金管理规模巨大，可以形成资金成本方面的对冲。

支出结构管理在与现代信息技术结合后，可以更好地体现其规划性、平衡性、合规性和良好的预测性。例如，通过对支出规模的合理预测，形成对社会需求、政策战略和比例/增长要求的有效呼应；通过对支出结构的合规性指标体系的建立，使未达到支出比例要求或是增速不及预期的支出项目得到及时提示或预警；通过对收支的良好预测能力和分项分析能力，可以对地方政府财政账户的余额情况进行良好的预测，并考虑政府债务的发行安排，综合提出国库资金余额的管理方案。

本章对财政支出的分析和大数据管理的相关设计从支出结构管理和资金沉淀价值管理两个方面切入，重点是构建财政支出管理的标准体系，并以此提升财政资金管理效率，增加财政资金的合法收益。

一、财政支出结构管理与数据分析指标设计

根据本章的研究目标和使用用途，在研究中采用归类指标并辅之以科目加总计算比较的方法进行展开。本节支出科目分类主要以财政部颁布的《2019 年政府预算支出经济分类科目》为基础。

（一）总体分析指标与计算方法

总体分析指标是指根据国家财政政策和重大财税体制改革而形成的科目运行特征。根据党的十八届三中全会、十九届四中全会和十九届五中全会的精神，我们将总体分析指标设定为以下 4 个指标，并提出主要的计算方法。

1. 进一步压缩"一般性公共服务支出"

这是党的十九大和 2013 年以来各年度《政府工作报告》的总体要求，既有定量的比例限制，又有定性的年度要求，总体来看是只能减少不能增，而且相关的减少既包括规模绝对值的减少、占比的持续下降，也包括部门预算中人均费用的下降等方面。具体分析指标和计算方法如下。

第一，"三公经费"的科目为50206＋50207＋50208，这三项经费应根据国务院的规定，按照年度规模控制要求安排。即：

$$Q_n(三公经费) \leqslant Q_{n-1}(三公经费)$$

其中，$Q(X)$为资金规模，n为年份。

第二，办公经费的科目为50201，按照国务院的规定需要"双降"，即规模下降和比例下降。按此要求有：

$$Q_n(50201) \leqslant Q_{n-1}(50201)$$

$$R_n(50201/一般预算收入) \leqslant R_{n-1}(50201/一般预算收入)$$

其中，$R(x)$为比率。

2. 相关挂钩和脱钩事项

按照党的十八届三中全会的要求，要解除财政支出与相关领域和事项的挂钩安排，但到目前为止，还不能说实现了这一改革目标。此外，根据党的十八届三中全会精神，要建立起与新型城镇化相关联的财政转移支付挂钩机制，也需要在支出上予以有效体现。主要包括以下指标。

第一，教育支出要占到GDP的4%以上。这一要求来自《中华人民共和国教育法》的规定，从体制来看，我国基础教育的支出基本由县区财政来保障，而高中教育、职业教育和高等教育支出则相应地由更高层次的政府财政来保障。从目前教育经费的分布结构来看，基础教育（含幼儿园）的财政支出规模占比在60%左右，中等职业教育和高中教育的财政支出规模占比在20%左右，而高等职业教育和高等教育的财政支出规模占比在20%左右。这样，一般而言，县区级财政自行负担的教育支出占GDP的比重应不低于2.4%，而地市级（非本级）的财政教育支出占GDP的比重应不低于3.5%，省级应不低于4%。具体计算如下。

50501中的教师工资福利支出。表述为$\theta_{教育1}Q(50501)$，其中，θ为比例系数，下同。

50502中的学校购买非资本性耗材、教具、教材的支出以及购买后勤及其他社会服务的支出。表述为$\theta_{教育2}Q(50502)$。

50601中的由学校根据自身发展的需要和地方政府的要求而开展的资本性投资活动，其中，不包括政府基本建设支出中的发展改革委的切块部分。表述为$\theta_{教育3}Q(50601)$。

50602 中由学校根据自身发展的需要和地方政府的要求而开展的资本性投资活动，其中，仅指政府基本建设支出中的发展改革委的切块部分。表述为 $\theta_{教育4}Q$（50602）。

50902 为政府部门（含非教育行政部门，如人社部门）向学生提供的奖学金、助学金和生活补助费用（如免费午餐）。本科目均为教育支出，表述为 Q（50902）。

59908 为财政对符合要求的非营利民办教育机构提供的补贴补助支出。表述为 $\theta_{教育5}Q$（59908）。

这样，教育支出可以表示为以下科目的加总：$\theta_{教育1}Q(50501) + \theta_{教育2}Q(50502) + \theta_{教育3}Q(50601) + \theta_{教育4}Q(50602) + Q(50902) + \theta_{教育5}Q(59908)$。

$$\text{教育支出/GDP 的合理区间为} \begin{cases} \geq 2.4\%, & \text{县级} \\ \geq 3.5\%, & \text{地市级} \\ \geq 4\%, & \text{省级} \end{cases}$$

第二，国家财政科技支出要不低于一般财政支出的增速水平。这是"十三五"规划对国家财政科技支出的基本要求。从 2018 年财政支出结构来看，国家财政科技支出一共达到 9000 亿元，其中，中央占 40% 左右，地方各级占 60% 左右。这样，总体考核指标有两个：一个是各级财政的科技支出增速均应超过财政一般支出增速水平；另一个是地方科技支出占地方财政支出规模（不含中央转移支付的部分）约为 4%，则县、市、省三级应按照 2.5%、3.5%、4% 进行管理考核。具体计算如下。

50501 中科研事业单位职工工资和福利支出。无具体要求，表述为 $\theta_{科技1}Q$（50501）。

50502 中科技事业单位的相关耗材类商品和社会化服务的补助支出。表述为 $\theta_{科技2}Q$（50502）。

50701 中对企业研发活动的费用性补贴，主要包括"科技三项费"，即新产品试制费、中间试验费和重大科研项目补助费等。表述为 $\theta_{科技3}Q$（50701）。

50601 中对科研基建费投入中的非发展改革委的切块资金的投入部分。表述为 $\theta_{科技4}Q$（50601）。

50602 中对科研基建费投入中的发展改革委切块资金的投入部分。表述为 $\theta_{科技5}Q$（50602）。

50599 中对相关事业单位的其他科研类支出，以及对科研事业单位所形成的职务发明奖励、产权股权分配等支出安排。表述为 $\theta_{\text{科技}6}Q$（50599）。

50799 中对企业研发活动实施的以奖代补安排，对企业部分基础性研发活动实施的后补助安排。表述为 $\theta_{\text{科技}7}Q$（50799）。

59908 中对科技行业协会、标准协会、鉴定评价机构等非营利性组织的相关补助安排。表述为 $\theta_{\text{科技}8}Q$（59908）。

这样，科技支出主要为以下科目的加总：$\theta_{\text{科技}1}Q$（50501）+ $\theta_{\text{科技}2}Q$（50502）+ $\theta_{\text{科技}3}Q$（50701）+ $\theta_{\text{科技}4}Q$（50601）+ $\theta_{\text{科技}5}Q$（50602）+ $\theta_{\text{科技}6}Q$（50599）+ $\theta_{\text{科技}7}Q$（50799）+ $\theta_{\text{科技}8}Q$（59908）。

考核指标包括：

一是规模指标，即 Q_n（科技支出）$\geq Q_{n-1}$（科技支出）；

二是增速指标，即 V_n（科技支出）$\geq V_n$（一般支出），其中 $V(x)$ 为增速函数；

三是比例指标，即 $R\left(\dfrac{\text{科技支出}}{\text{一般支出}}\right)$ 取值为 $\begin{cases} \geq 2.5\%，县级 \\ \geq 3.5\%，地市级 \\ \geq 4\%，省级 \end{cases}$

第三，财政农业支出要持续加大支出规模和提高在财政支出中的比例。这一要求写入了 2014 年以来的各年度中央一号文件。根据要求，财政农业支出考核包括规模递增、占比递增两项，至于合适的比例结构，则由于农业总体属于上级对下级转移支付的范围，不适合按层级进行比例管理。根据我国预算制度，财政农业支出包括支农支出、农业基本建设支出、农业科技三项费用、农村救济费、其他等。要重点注意"其他"的范围，由于扶贫力度的加大，其他项下的内容和资金规模明显增多。具体计算如下。

50501 为对农业事业单位（含农业科技）工作人员的工资福利支出。表述为 $\theta_{\text{农业}1}Q$（50501）。

50502 为对农业事业单位（含农业科技）购置的消耗类商品、实验用品和后勤社会性服务的支出。表述为 $\theta_{\text{农业}2}Q$（50502）。

50599 为对农业事业单位开展的国家战略性项目，以及农业科技推广、扶贫项目服务的支出。表述为 $\theta_{\text{农业}3}Q$（50599）。

50601 为对农业事业单位开展的相关固定资产投资，非发展改革委切块资金部分。表述为 $\theta_{\text{农业}4}Q$（50601）。

50602 为对农业事业单位开展的相关固定资产投资，发展改革委切块资金部分。表述为 $\theta_{农业5} Q$（50602）。

50701 为政府对"三农"企业提供的运输、科技、财务、信息等费用补贴。表述为 $\theta_{农业6} Q$（50701）。

50702 为政府对"三农"企业提供的包括科技研发在内的债务贴息补贴。表述为 $\theta_{农业7} Q$（50702）。

50799 为政府对"三农"企业开展产权管理、经营模式转型、合作社与其他集体经济组织企业化（法人化）改革的补助支出。表述为 $\theta_{农业8} Q$（50799）。

50801 为政府对"三农"企业提供的设备改造、基础设施建设等方面的投资，且属于非发展改革委的切块资金部分。表述为 $\theta_{农业9} Q$（50801）。

50802 为政府对"三农"企业提供的设备改造、基础设施建设等方面的投资，且属于发展改革委的切块资金部分。表述为 $\theta_{农业10} Q$（50802）。

50901 为政府对农民的生活补助、救济费、养老金、医疗费补贴等，是以农民的"人"为补贴对象的。表述为 $\theta_{农业11} Q$（50901）。

50903 为政府提供的个人农业生产补贴，是以农业生产资料和土地产权为补贴对象的。表述为 Q（50903）。

50999 为政府提供的脱贫补贴、义务兵回乡一次性建房补助等。表述为 $\theta_{农业12} Q$（50999）。

51302 为本地政府援助非本地"三农"的转移支付支出，但不包括中央统一部署的援藏、援疆安排。表述为 $\theta_{农业13} Q$（51302）。

59908 为政府对农业协会、农民合作社和村民委员会等非营利性、群众自治性组织的补贴。表述为 $\theta_{农业14} Q$（59908）。

这样，政府的农业支出主要为以下科目的加总：$\theta_{农业1} Q$（50501）+ $\theta_{农业2} Q$（50502）+ $\theta_{农业3} Q$（50599）+ $\theta_{农业4} Q$（50601）+ $\theta_{农业5} Q$（50602）+ $\theta_{农业6} Q$（50701）+ $\theta_{农业7} Q$（50702）+ $\theta_{农业8} Q$（50799）+ $\theta_{农业9} Q$（50801）+ $\theta_{农业10} Q$（50802）+ $\theta_{农业11} Q$（50901）+ Q（50903）+ $\theta_{农业12} Q$（50999）+ $\theta_{农业13} Q$（51302）+ $\theta_{农业14} Q$（59908）。

按照规模递增、占比上升的要求，财政农业支出须满足以下要求：

一是规模指标，即 Q_n（农业支出）$\geq Q_{n-1}$（农业支出）；

二是占比指标，即 $R_n\left(\dfrac{农业支出}{一般支出}\right) \geq R_{n-1}\left(\dfrac{农业支出}{一般支出}\right)$。

第四，财政文化支出占财政支出的比重要逐年提升。党的十七届四中全会提出了文化大繁荣大发展的重要命题，要求财政文化支出占财政支出总额的比重要逐年提升。这里的财政文化支出既包括文化事业支出，也包括文化产业支出，还包括一些重大文化工程和文化基础设施的建设支出。在科目归类上，实际上应为文化体育与传媒支出。考核标准为比重逐年提升和合适层级的占比情况，但考虑到文化支出中对文化产业的支出规模较大，且其主要集中在中心城市和省会城市，我们仅对省级要求比率应高于 1.7%（根据 2018 年的比例测算）。具体计算如下。

50501 主要是对文化体育和传媒等（以下简称"文化"）事业单位职工的工资福利支出。表述为 $\theta_{\text{文化}1} Q$（50501）。

50502 为对文化事业单位购置的消耗类商品（如布景、服装等）、宣传用品和后勤社会性服务的支出。表述为 $\theta_{\text{文化}2} Q$（50502）。

50599 为对文化事业单位演出、宣传和免费开放的补助支出。表述为 $\theta_{\text{文化}3} Q$（50599）。

50601 为对文化事业单位开展的相关固定资产投资，非发展改革委切块资金部分。表述为 $\theta_{\text{文化}4} Q$（50601）。

50602 为对文化事业单位开展相关固定资产投资，发展改革委切块资金部分。表述为 $\theta_{\text{文化}5} Q$（50602）。

50701 为政府对文化企业提供的运营、宣传和排演等费用补贴。表述为 $\theta_{\text{文化}6} Q$（50701）。

50702 为政府对文化企业提供的债务贴息补贴。表述为 $\theta_{\text{文化}7} Q$（50702）。

50799 为政府对文化企业开展产权管理、经营模式转型等改革的补助支出。表述为 $\theta_{\text{文化}8} Q$（50799）。

50801 为政府对文化企业（含文化产业园区运营企业）提供的固定资产投资，且属于非发展改革委的切块资金部分。表述为 $\theta_{\text{文化}9} Q$（50801）。投资可能形成国有企业的股权。

50802 为政府对文化企业（含文化产业园区运营企业）提供的固定资产投资，且属于非发展改革委的切块资金部分。表述为 $\theta_{\text{文化}10} Q$（50802）。投资大概率是形成国有企业资产，未必形成国有企业的股权。

59908 为政府对文化协会、文化公益组织等非营利性、群众自治性组织的补贴。表述为 $\theta_{\text{文化}11} Q$（59908）。

这样，财政文化支出可以表示为以下科目的加总：$\theta_{文化1} Q（50501）+ \theta_{文化2}$ $Q（50502）+ \theta_{文化3} Q（50599）+ \theta_{文化4} Q（50601）+ \theta_{文化5} Q（50602）+ \theta_{文化6} Q（50701）+$ $\theta_{文化7} Q（50702）+ \theta_{文化8} Q（50799）+ \theta_{文化9} Q（50801）+ \theta_{文化10} Q（50802）+ \theta_{文化11} Q（59908）$。

按照占比持续提高的要求，财政文化支出应满足：

一是占比要求，即 $R_n\left(\dfrac{文化支出}{一般支出}\right) \geq R_{n-1}\left(\dfrac{文化支出}{一般支出}\right)$；

二是最低比例要求，即 $R_{省级}\left(\dfrac{文化支出}{一般支出}\right) \geq 1.7\%$。

第五，财政医疗卫生支出增速不低于财政支出的平均增速。这是党的十八大提出的完善公共财政体系的要求。据历年《中国财政年鉴》统计数据，2013～2017年，全国财政医疗卫生累计支出59502亿元，年均增幅11.7%，比同期全国财政支出增幅高出2个百分点。这里的财政医疗卫生支出的口径是全口径的，除公共卫生体系、医疗卫生服务外，还包括一般公共预算向基本医疗保险体系提供的补助。考核指标主要包括两个方面：一是占比考核；二是最低比例管理。考虑到各级政府的实际支出情况，按照县级医疗卫生支出不低于9.5%、地市级不低于9%，省级不低于8.5%纳入考核管理较为合理。具体计算如下。

50501为对医疗卫生事业单位的工作人员差额部分的工资福利支出。表述为 $\theta_{医卫1} Q（50501）$。

50502为对医疗卫生事业单位购置的防护用品、实验用品和后勤社会性服务的支出。表述为 $\theta_{医卫2} Q（50502）$。

50599为对医护人员承担国家重大使命、应对重大疫情形成的补助支出。表述为 $\theta_{医卫3} Q（50599）$。

50601为对医疗卫生事业单位开展的相关固定资产投资，非发展改革委切块资金部分。表述为 $\theta_{医卫4} Q（50601）$。

50602为对医疗卫生事业单位开展的相关固定资产投资，发展改革委切块资金部分。表述为 $\theta_{医卫5} Q（50602）$。

50701为政府对医药企业、设备企业和民营医院等承担政府要求或任务而形成的费用补贴。表述为 $\theta_{医卫6} Q（50701）$。

50702为政府对医药企业、设备企业和民营医院等发放符合要求的贷款而形成的债务贴息补贴。表述为 $\theta_{医卫7} Q（50702）$。

50799为政府对医疗卫生企业开展的国家储备、产能支持等补助支出。表述为

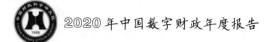

$\theta_{医卫8}Q$（50799）。

50801 为政府对医药企业和民营医院等提供的设备改造、基础设施建设等方面的投资，且属于非发展改革委的切块资金部分。表述为 $\theta_{医卫9}Q$（50801）。

50802 为政府对医药企业和民营医院等提供的设备改造、基础设施建设等方面的投资，且属于发展改革委的切块资金部分。表述为 $\theta_{医卫10}Q$（50802）。

50901 为政府对个人和家庭的医疗费补贴等。表述为 $\theta_{医卫11}Q$（50901）。

50999 为政府提供的重大疫病的防控、救治补贴等。表述为 $\theta_{医卫12}Q$（50999）。

51002 为政府对职工医保和居民医保提供的补贴补助资金。表述为 $\theta_{医卫13}Q$（51002）。

51301 为上级政府对下级政府医疗卫生领域的转移支付支出。表述为 $\theta_{医卫14}Q$（51301）。

59908 为政府对非营利性民营医院、行业自律性组织（协会）提供的补贴。表述为 $\theta_{医卫15}Q$（59908）。

这样，财政医疗卫生支出可以表示为以下科目的加总：$\theta_{医卫1}Q(50501) + \theta_{医卫2}Q(50502) + \theta_{医卫3}Q(50599) + \theta_{医卫4}Q(50601) + \theta_{医卫5}Q(50602) + \theta_{医卫6}Q(50701) + \theta_{医卫7}Q(50702) + \theta_{医卫8}Q(50799) + \theta_{医卫9}Q(50801) + \theta_{医卫10}Q(50802) + \theta_{医卫11}Q(50901) + \theta_{医卫12}Q(50999) + \theta_{医卫13}Q(51002) + \theta_{医卫14}Q(51301) + \theta_{医卫15}Q(59908)$。

指标评价的取值为：

一是占比提高，即 $R_n\left(\dfrac{医疗支出}{一般支出}\right) \geq R_{n-1}\left(\dfrac{医疗支出}{一般支出}\right)$；

二是比例要求，即 $R\left(\dfrac{医疗支出}{一般支出}\right)$ 取值为 $\begin{cases} \geq 9.5\%，县级 \\ \geq 9\%，地市级 \\ \geq 8.5\%，省级 \end{cases}$

第六，建立与农民城镇化相关的转移支付机制。目前的要求主要是上级对下级的转移支付，也没有确定的正比例安排，但正比的逻辑是基本要求。这样，问题主要集中在转移支付的部分，此外，教育、社保等领域的补贴资金还有一些"费随人走"的特点。指标管理要求是转移支付的规模随着农民工城镇化率的提高而提高。具体计算如下。

51301 主要是上级对下级根据农民工城镇化情况安排的转移支付支出。表示为 $\theta_{城镇化1}Q$（51301）。

51302 主要是根据本地外迁的农民工城镇化的数量，根据社保、教育等管理规定而实施的横向转移支付安排（费随人走）。表示为 $\theta_{城镇化2}Q$（51302）。

转移支付的规模合计为 $\theta_{城镇化1}Q$（51301）$+\theta_{城镇化2}Q$（51302）。

考核指标包括：

一是总量指标，即无论迁出还是迁入地均 $\dfrac{Q（城镇化转移支付）}{Q（农民工城镇化数量）} > 0$；

二是增量指标，即无论迁出还是迁入地均 $\dfrac{\Delta（城镇化转移支付）}{\Delta（农民工城镇化数量）} > 0$。

3. 债务偿还事项

该类指标要核算债务还本付息规模，其中，还本重点指无法实现借新还旧而必须实际偿还的本金，也就是还本的净头寸。此外，还要区分内外债务（目前的"熊猫债"和"点心债"多是国债，与地方政府关系不大）。受到预算科目调整的影响，原来部分专项债是依托于政府性基金收入来予以偿还的，所以对于纳入一般公共预算的政府性基金，还需要考虑这一特点，从公共预算中安排调出资金。重要的考核指标包括：一是年还本付息的债务占本地财政预算收入的比重；二是国际经济组织债务转贷支出的规模占本地财政支出的比重；三是年还本付息的债务规模与本地新增财政收入之间的关系。具体计算如下。

51101 为国内债务本年付息规模。表述为 I_n（51101）。

51103 为本年发生的国内债务发行费用。表述为 F_n（51103）。

51303 为累计的债务转贷支出规模。表述为 $\sum\limits_{i=1}^{n}$（51303）$_i$。

51304 为一般公共预算向基金预算的调出资金，主要用以偿还专项债务的本金和利息。表述为 $\theta_{债务1}Q$（51104）。

51201 为本年度的国内债务还本支出。这一支出为净支出，即扣除续期债务和借新还旧债务的本金之后，实际用一般公共预算资金偿还的债务。表述为 M_n（51201）。

则本年度债务的还本付息压力（M_n）表述为：I_n（51101）$+M_n$（51201）$+F_n$（51103）$+\theta_{债务1}Q$（51104）。

考核指标包括：

一是 $R_n = \dfrac{M_n}{预算收入}$，习惯上，将6%作为预警线，将10%作为风险红线；

二是转贷的债务资金的比率，即 $\dfrac{\sum\limits_{i=1}^{n}(51303)_n}{\text{预算收入}}$，没有具体的比例要求，但值越小越好；

三是债务偿还对财力的挤出，即 $M_n - \Delta$（预算收入）取值为 $\begin{cases} \leq 0，\text{尚未挤出} \\ > 0，\text{已经挤出} \end{cases}$。

4. 财政支出的自主度指标

财政支出的自主度指标主要有三个：一是本地一般公共预算收入（含税收返还，但不含转移支付，下同）与一般公共预算支出的比值（K_1）；二是本地一般公共预算收入扣除被上级专项转移支付要求配套的地方财力后，与一般公共预算支出的比值（K_2）；三是本地一般公共预算收入扣除被上级专项转移支付要求配套的地方财力后，再扣除当年债务收入，余额与一般公共预算支出的比值（K_3）。

评价指标遵循以下原则：

第一，K 值越大越好；

第二，$\dfrac{K_1 - K_2}{K_2}$ 的比值应低于 25%（经验值）；

第三，$\dfrac{K_1 - K_3}{K_3}$ 的比值应低于 40%，或者 $\dfrac{K_2 - K_3}{K_3}$ 的比值应低于 10%（经验值）。

（二）重点支出科目分析

1. 501 科目

该科目为机关福利支出。须重点关注以下五个问题。

第一，主要是因公务员养老保险改革，形成社会保险缴费，增速应较快，但应与近年来新录用公务员的数量在增速上保持匹配。

第二，2018 年我国进行了党政机关的重大机构改革，按进度，2020 年，地方市县两级将相应地调整部门结构和权力配置，并调整人员编制，这也会给相关的部门预算带来较大的变化。

第三，事实上，从 2018 年起，公务员的工资薪金和津补贴都有一定程度的上涨，也将给本科目带来一定程度的增量。

第四，住房公积金制度跟随改革的情况进行调整。

第五，注意部分津补贴纳入工资结构，尽管科目下的总规模没有发生变化，但实际上的支出刚性增强了（设定指标分析）。

2. 502 科目

该科目为机关购买商品和服务的支出。须重点关注以下两个问题。

第一，整个科目与办公经费、"三公经费"还是有区别的。总体上，科目的资金规模应保持稳定（而不是像办公经费和"三公经费"一样，需要减少或降低比重），但占一般预算支出的比重肯定是降低的。

第二，培训费的规模应该是明显增加的，而且在 2019 年大幅增加的基础上，跟随人员基数的变化和培训费用标准的变化，逐年还有提升。

3. 503 及 504 科目

这两个科目为机关单位的资本性支出，503 科目为非发展改革委切块资金的部分，504 为发展改革委切块资金投入的部分。须重点关注以下两个问题。

第一，商品和服务是政务性服务的辅助服务，而不是政府要提供的社会公共服务，其商品和服务满足的对象应是政府本身。但是，原则上对这一类支出没有规模和占比的限制，甚至随着后勤社会化的改革，规模还有可能扩大。

第二，因为公车购置是纳入资本性支出的，原则上公车购置费用应该逐步小幅度下降，以此作为该类子科目的支出标准考核。

4. 505 科目

该科目为对事业单位的经常性补助。须重点关注以下两个问题。

第一，事业单位改革会对事业单位的数量，人员数量，公益一类、二类的机构和人员结构等都带来直接的影响。须注意与本地区的事业单位改革保持一致。

第二，一般而言，公益二类事业单位在市县两级认定较多，如果公益二类的机构和人员数量增长，可能在 50501 和 50502 两个科目间形成比值递增的效果，即 $(\frac{Q(50501)}{Q(50502)})' > 0$。

5. 506 科目

该科目为对事业单位的资本性支出。须重点关注以下问题：由于事业单位会计准则、制度和财务制度都已经修改，事业单位的固定资产须计提折旧，在财政收支表和资产负债表之间须注意协调和平衡的问题。

6. 507 科目

该科目为对企业的补助，包括费用补助、贴息补助和其他补助。其中，费用补助主要是指经营性补助，贴息补助主要是指资本性补助，而其他补助具有临时性、补偿性和社会性特征。须注意以下三个问题。

第一，其他补助应逐步规范，到期的该退出应退出，该转为 50701 或 50702 科目的需要及时调整。

第二，一般而言，资本性补助是有期限的，到期就退出，资金一般保持稳定（又用作其他资本性补助）；而经营性补助则是逐步提高的，受到物价、成本和劳动的影响。这样，正常情况下 $\dfrac{Q\,(50701)}{Q\,(50702)}$ 呈现逐步增大的变化。

第三，资本性补助原则上不形成资本产权和股权，但是应有相对的资本形成量与资本性补助相应对，这应作一个匹配分析。

7. 508 科目

该科目为对企业的资本性支出。须注意以下问题：由于对企业形成的是资本性支出，原则上应是政府持有直接产权或股权，而不应该通过融资平台公司来代持。2019 年以前存在代持的情况，2020 年以后政府投资的产权或股权应直接归政府，或者融资平台公司改革为国有资本运营/投资公司，政府表现为持股国有资本运营/投资公司，并由其持有被投资企业的股权或产权。

8. 509 科目

该科目为对个人和家庭的补助，属于政府实施社会化服务或直接对居民实施转移支付的内容。须注意以下三个问题。

第一，个人非生产性农业补贴基本保持稳定，而生产性农业补贴则持续加强。

第二，助学金持续增加，特别是中职学生的助学金和高职学生的助学金支出增长很快，相应的市县两级的助学金支出增长应是较快的。

第三，在社会救助中，包括对无劳动能力家庭实施脱贫的相关资金，2020 年应予以凸显，作为支撑决策的数据。

9. 510 科目

该科目为对社保资金的补助。须注意以下两个问题。

第一，补助总规模应明显增长，特别是居民养老、职工养老、居民医疗三个板块。由于普遍为省市统筹，新增支出主要是省市两级的。

第二，在养老保险的补助上，应与国有资本经营预算相协调。

10. 511 科目

该科目为债务利息及费用支出。除已经谈到的问题外，还应注意以下两个指标。

第一，债务利息的偿还增速与政府财政收入增速的关系（包括短期和中长期）。

第二，政府代偿的利息中，专项债利息的规模和占比情况。

这两个指标值均越低越好。

11. 512 科目

该科目主要为债务还本支出的情况。一般地方政府不涉及外债问题。须注意以下三个问题。

第一，债务实际净还本与债务理论应还本之间的比例关系。比例值越低越好。

第二，债务的实际还本与本级政府杠杆率的匹配关系，需要联合分析。

第三，专项债的稳定性和合理性由政府性基金预算收入的还本规模与其净还本规模之间的比例关系确定。理论上专项债是对应项目的，债务原则上不能借新还旧，而是应逐步偿还、逐步新发。

12. 513 科目

该科目为政府间转移支付科目。须注意以下两个问题。

第一，一般性转移支付支出和专项转移支付支出之间的比例，一般而言，应逐年提高。

第二，专项转移支付收入与对应项目的转移支付支出和本级支出的关系，原则上后者应大于前者，但差额应越小越好。

13. 514 科目

该科目为预算的平衡和临时性支出项目，按照人大批准的额度安排预备费及预留就好。

14. 599 科目

该科目为其他支出。须注意以下两个问题。

第一，随着党的十九届四中全会精神的贯彻落实，国家赔偿案例会逐步增多，且赔偿数量持续增加，属于正常现象。

第二，随着社会治理和市场治理现代化的展开，以及政府购买服务工作的深入进行，政府对民间自治性组织和市场非营利组织的补贴支出会越来越高。

（三）一般公共预算支出科目的结构性分析

一般公共预算支出科目的结构性分析主要包括三项内容：一是库底资金预期管理与国库现金管理；二是项目竣工到期与专项债资金管理；三是支出进度和结构协调度的分析和判断。其中，第一项和第二项将作为政府支出管理活动的内容在以后研究中体现，这里重点分析支出进度与结构协调度。

1. 支出进度分析

支出进度包括总体支出进度分析和分项支出进度分析。公式均为 $C_n = \dfrac{\frac{\text{已支出规模}}{\text{预算支出}}}{\frac{\text{已实施月份}-1}{11}}$。地方"两会"一般在每年的 1 月召开，影响预算执行约 1 个月的时间，则 $C_n \begin{cases} <1，\text{总体进度滞后} \\ =1，\text{总体进度良好} \\ >1，\text{总体进度偏快} \end{cases}$ 此外，从规范上讲，还应一年比一年好，即 $C_n > C_{n-1}$。

2. 结构协调度分析

要求地方财政部门按期基本支出按 12 个月均匀支出、项目支出按项目进度有序开展，列出各部门的基本支出和项目支出安排后，按月度分别进行加总，从而形成两个进度表：基本支出进度表和项目支出进度表。根据这两张表，计算协调性，找到具体的项目和部门，督促改正。

二、国库现金管理与收支余额预测

国库管理是国家财政运行的重中之重，是现代财政制度的重要内容。国库库底资金预测和国库现金管理是提高国库资金使用效率的重要着力点，这也是财政大数据工具适合的主要应用场景之一。国库管理涉及各项财政收入和财政支出数据，各级财政部门积累了大量的数据，能够为大数据工具运用提供支撑。由于国库数据公开数据较少，因此本部分主要从国库现金管理的政策约束入手，细致梳理和分析地方财政库底资金的决定因素，讨论国库现金管理通用的预测模型，并介绍一个国库大数据管理的案例。

（一）国库资金管理的政策约束

地方财政库底资金管理和预测是加强资金调度与国库现金管理的重要内容。《中华人民共和国预算法》（以下简称《预算法》）和国务院、财政部行政法规都对国库管理作了明确约束。《预算法》规定，"各级国库应当按照国家有关规定，及时准确地办理预算收入的收纳、划分、留解、退付和预算支出的拨付。各级国库库款的支配权属于本级政府财政部门。除法律、行政法规另有规定外，未经本级政府财政部门同意，任何部门、单位和个人都无权冻结、动用国库库款或者以其他方式支配已入国库的库款。各级政府应当加强对本级国库的管理和监督，按照国务院的规定完善国库现金管理，合理调节国库资金余额"。

财政部对地方政府国库库款资金管理的考核和激励也有明确的规定，近年来出台的政策文件如表5-1所示。

表5-1   近年来财政部发布的关于国库库款管理的相关文件

编号	年份	文件名称
1	2016	《2016年地方财政库款考核排名办法》
2	2017	《关于进一步加强库款管理工作的通知》
3	2018	《关于地方财政库款管理有关事项的通知》
4	2020	《地方财政管理工作考核与激励办法》

目前，2020 年印发的《地方财政管理工作考核与激励办法》（以下简称《办法》）是对地方国库库款管理明确了考核标准的最新政策文件。根据《办法》规定，对国库库款管理工作进行考核，考核内容为各省、自治区、直辖市（以下统称为省）国库库款管理工作情况。包括库款保障水平、库款保障水平偏低市县占比、国库集中支付结余消化进度、新增专项债券资金使用进度等 4 项考核指标，分值比例为 6：4：4：4。各省库款保障水平指标得分：库款保障水平指标处于 0.3～0.8 之间的，得满分（即 6 分）；库款保障水平指标为 0.3 以下的，采用正向激励指标调整得分方法，调整为指标得分；库款保障水平指标为 0.8 以上的，采用逆向激励指标调整得分方法，调整为指标得分。具体计算公式如下所示。

某月某省库款保障水平 = 某省月末库款余额 ÷ 年内月均库款流出量

其中，库款余额为国家金库中的财政存款（库款净额）与国库现金管理余额之和。

某月某省库款保障水平偏低市县占比 = 某省月末库款保障水平低于 0.1 的市县级财政部门个数 ÷ 某省市县级财政部门个数

其中，设有金库的开发区、高新区等机构，作为单独财政部门统计。

某月某省国库集中支付结余消化进度 =（某省上年末国库集中支付结余余额 − 某省月末国库集中支付结余余额）÷ 某省上年末国库集中支付结余余额

其中，上年末国库集中支付结余，在决算会审前暂用年末执行数，决算会审后改用决算数。

某月某省新增专项债券资金使用进度 = 某省月末新增专项债券资金累计支出金额 ÷（月末的当年新增专项债券发行收入 + 上年新增专项债券结转资金）

其中，上年新增专项债券结转资金为上年发行但未使用完毕、结转到当年的新增专项债券资金。

指标调整得分方法包括以下两种。

第一，正向指标调整得分方法：

某省某项指标得分 =［某省某项指标 − min（各省某项指标）］÷［max（各省某项指标）− min（各省某项指标）］× 分值

第二，反向指标调整得分方法：

某省某项指标得分 =［max（各省某项指标）− 某省某项指标］÷［max（各省某项

指标）– min（各省某项指标）〕× 分值

其中，max（各省某项指标）指各省某项指标的最大值；min（各省某项指标）指各省某项指标的最小值。

（二）地方财政库底资金决定因素

地方财政库款资金余额由当期财政收入和财政支出的差额决定。财政收入包括一般公共预算收入、政府性基金收入、国有资本经营预算收入、转移性收入、地方政府债券收入、国库现金管理到期收入、商业银行其他存款到期收入、暂付款项收回、暂存款项等；财政支出包括一般公共预算支出、政府性基金支出、国有资本经营预算支出、转移性支出、地方政府债券还本和转贷支出、国库现金管理、商业银行其他存款操作、暂付款项和拨款项等。具体计算公式如下所示。

期末库款余额 = 期初库款余额 + 本期库款流入 – 本期库款流出

本期库款流入 = 一般公共预算收入 + 政府性基金收入 + 国有资本经营预算收入 + 转移性收入 + 地方政府债券收入 + 国库现金管理到期收回 + 商业银行其他存款到期 + 暂付款项收回 + 暂存款项 + 其他库款流入

本期库款流出 = 一般公共预算支出 + 政府性基金支出 + 国有资本经营预算支出 + 转移性支出 + 地方政府债券还本支出 + 地方政府债券转贷支出 + 国库现金管理操作 + 商业银行其他存款操作 + 暂付款项 + 拨付暂存款项 + 其他库款流出

另外，地方财政还有专户资金，包括社保基金专户、非税收入专户、事业收入专户、代管资金专户、专项支出类专户、偿债准备金专户和其他专户。

专户资金余额 = 期初资金余额 + 本期资金流入 – 本期资金流出

1. 一般公共预算收入和支出

一般公共预算收入以税收为主，按预算进度入库，具体可参见财政收入预测课题相关研究。

一般公共预算支出也按预算进度支付出库，具体可参见政府支出科目分析报告的基本方法与指标的研究。

2. 政府性基金收入和支出

地方政府性基金收入主要以土地出让收入为主，其他政府性基金收入项目如附表 5-1 所示。土地出让收入由地方政府土地供给和土地市场情况共同决定。政府性基金支出由政府性项目计划进度决定，可与当地政府发展改革委的投资规划对接。

3. 国有资本经营收入和支出

国有资本经营收入和支出由当地国有企业运营情况决定，与当地国有资产监督管理委员会相关规划对接。

4. 转移性收入和支出

转移性收入由中央财政各类转移性支付组成，受政策影响较大。通常每年有一般性转移支付和专项转移支付，一般性转移支付规模进度预测性更强，专项转移支付各地方均有不同。

5. 地方政府债券收入和支出

地方政府债券包括一般债券和专项债券，债券发行获得资金流入国库，债券资金拨付项目资金流出国库。对于省级和市级政府，地方政府债券转贷下级政府则资金流出国库。如表 5-2 所示，2019 年尽管各省份发行地方政府债券的时间点各不相同，但总体来看大多于"两会"之后的 3~5 月发行第一批专项债券，7~8 月发行第二批专项债券。

表 5-2　　　　　　部分省市 2019 年地方政府专项债发行情况

时间	北京	天津	上海	河南	湖北	湖南	广东	重庆	贵州	陕西	甘肃	河北	福建
2019 年 2 月	0.0	251.0	176.0	288.2	364.0	0.0	548.0	170.0	0.0	0.0	20.0	30.0	0.0
2019 年 3 月	162.0	337.3	176.0	366.9	364.0	50.0	674.0	170.0	7.0	155.0	54.2	293.1	325.0
2019 年 4 月	162.0	337.3	176.0	366.9	364.0	168.6	674.0	170.0	7.0	155.0	99.7	293.1	325.0
2019 年 5 月	162.0	422.3	176.0	366.9	364.0	168.6	1026.9	170.0	7.0	155.0	99.7	293.1	325.0

续表

时间	北京	天津	上海	河南	湖北	湖南	广东	重庆	贵州	陕西	甘肃	河北	福建
2019 年 6 月	975.0	582.3	675.0	680.6	393.7	244.0	1812.0	361.3	7.0	272.2	285.4	557.0	437.0
2019 年 7 月	975.0	686.8	675.0	680.6	393.7	356.1	1815.0	602.0	7.0	332.7	285.4	606.1	812.0
2019 年 8 月	975.0	802.0	675.0	1024.0	813.0	437.5	1815.0	602.0	7.0	453.0	338.0	762.9	812.0
2019 年 9 月	975.0	818.0	675.0	1024.0	975.0	677.0	1815.0	780.0	7.0	453.0	368.0	1171.0	812.0
2019 年 10 月	975.0	818.0	675.0	1024.0	975.0	677.0	1815.0	780.0	7.0	453.0	368.0	1171.0	812.0
2019 年 11 月	975.0	818.0	675.0	1024.0	975.0	677.0	1815.0	780.0	7.0	453.0	368.0	1171.0	812.0
2019 年 12 月	975.0	818.0	675.0	1024.0	975.0	677.0	1815.0	780.0	7.0	453.0	368.0	1171.0	812.0

资料来源：财政部政府债务研究和评估中心。

6. 国库现金管理和商业银行其他存款

国库现金管理是加强国库库款管理、提高收益、熨平库款波动、盘活财政结余、解决预算资金沉淀问题的重要手段。我国国库现金管理的政策梳理如附表5－2所示。目前我国国库现金管理以商业银行存款为主，国库现金管理的节奏以库款的波动预测为依据。执行国库现金管理操作则库款流出，国库现金管理到期则库款流入。

7. 暂存款项和暂付款项

暂存款项包括应付国库集中支付结余、应付代管资金和其他应付款。其他应付款又包括从融资平台借款、从预算单位借款、从银行贷款、从企业借款、地税代征社会保险费、收回存量资金、财政专户清理收回资金和其他。

暂付款项包括借出款项和其他应收款。借出款项包括对预算单位借款、对企业借款、对融资平台借款、其他借出款项。其他应收款则包括垫付公益性项目资金、垫付土地收储征地成本、垫付地方债务到期本息、垫付上级专项配套资金、其他垫付资金。

（三） 国库现金管理预测模型

国库现金管理目前比较流行的有经验分析预测法、鲍莫尔（Baumol）模型、

米勒 – 奥尔（Miller – Orr）模型和在险价值（valu at risk，VaR）模型等方法，各个模型有其优缺点，但随着经济的快速发展，国库现金收支变得更加复杂，仅凭经验来进行分析预测变得不再可靠，而与此同时国库大数据不断积累，分析技术不断进步，越来越多地方政府国库部门希望用大数据分析模型来预测国库库底余额，优化国库现金管理，提高库底资金使用效益。国库现金管理需要考虑的主要方面有：科学的最优财政库底目标余额（现金预测，频度包括日旬月季）、国库现金管理银行账户及资金清算与核算体系、国库现金管理投融资运行机制、完善国库现金管理风控机制。

1. Baumol 模型

Baumol 模型是现金管理的经典模型，由美国的威廉·J. 鲍莫尔（William J. Baumol）于 1952 年提出。该模型利用企业存款管理的思路引入宏观国库现金管理，将库存现金视为企业生产经营活动中一种特殊的存货。

该模型基本假设为：第一，现金支出流量持续均匀、规则且确定；第二，有价证券投资收益率固定不变；第三，现金与证券组合之间的转换在任何时候都可以进行，而且转换费用固定；第四，借款成本为无限大，因而无法通过市场融资等。显然，由于模型假定过于严格，假设条件并不符合现实的国库现金收付随机性波动的现实，但对于分析国库现金管理的基本原理有借鉴意义。

国库最优现金持有量是考虑机会成本和转换成本之间的权衡。假定国库出售价值为 Q 的有价证券，并将所获现金存放在中央银行国库账户上。随着国库平均支出，国库库底资金逐步降低至零，此时财政再售出价值为 Q 的有价证券，并存入国库账户。如此不断循环，模型现金余额的变动趋势呈锯齿形状。

在一段时间内，平均现金余额为 $Q/2$。如果有价证券的投资收益率为 K，则持有现金 Q 的机会成本为 $K(Q/2)$。同样，如果每次存入现金 Q，并且一年内国库需要在账户中存入总额为 S 的现金，现金与有价证券之间的每次转换成本为 E，那么每年的转换成本为 $E(S/Q)$。那么，要满足国库现金管理需要，年运行总成本为：

$$TC = E\left(\frac{S}{Q}\right) + K\left(\frac{Q}{2}\right)$$

对上面公式求导，得到一阶导数为零的点位极值点：

$$(TC_Q)' = \frac{K}{2} + \frac{ES}{Q^2} = 0$$

推导得到最佳现金持有量为：

$$Q^* = \sqrt{\frac{2ES}{K}}$$

每年有价证券转化次数为 $\frac{S}{Q^*}$。

2. Miller – Orr 模型

Miller – Orr 模型是默顿·米勒（Merton Miller）和丹尼尔·奥尔（Daniel Orr）于 1966 年创建的。该模型基于一定时期内的现金收支统计资料，允许日常现金流量根据一定的概率函数变化，体现了国库现金流估计从点估计到区间估计的跨越，估计结果往往更为可靠，实用性更强。

首先，确定一个下限 L，是国库部门在一定时期的最低现金持有量。如果国库库底余额接近下限时，就需要出售有价证券来补充现金。

其次，确定一个上限 H，也就是国库部门在一定时期内持有的最高现金规模。如果国库库底余额接近上限时，进行国库现金管理操作，购买有价证券，降低库底资金。M 为均衡点，在这一点上，持有现金的机会成本和交易成本之和最小，是最优的现金持有量。模型在不断调整模拟逼近得到目标值。

最后，求解得到：H 与 L 的距离是 $3Z$ 个单位，M 与 L 之间的距离是 Z 个单位，H 与 M 的距离是 $2Z$ 个单位。其中，Z 由有价证券的交易成本 F、每期有价证券的投资收益率 K 以及每期净现金流量的方差 σ^2 这三个参数共同决定。最优现金持有量 M 和上限 H 为：

$$M = L + Z \qquad H = L + 3Z$$

$$Z = \left[\frac{3F\sigma^2}{4K}\right]^{\frac{1}{3}}$$

Miller – Orr 模型在考虑现金流的随机波动和支付的前提下，尝试解决成本最小化原则的现金持有量测算，相对 Baumol 模型有较大改进。但是，仍存在过度依赖模型参数设定、参数估算缺乏实际数据支撑等缺点。

3. VaR 模型

Miller – Orr 模型和 Baumol 模型都是基于持有现金成本最小化、获得投资收益最大化的原则，来寻找均衡点测算现金最优持有量。这需要成熟的现金流量预测体系建设，在我国当前国库现金管理的发展情况下，测算准确性有待提高。我们可以利用在险价值模型（VaR）进行统计层面预测（见图 5－1）。VaR 模型是指在一定的置信水平下，某一金融工具在未来特定的一段时间内的最大可能损失。金融机构风险准备金的性质和财政国库库底资金的性质相似，可利用 VaR 模型确定国库库底目标的余额水平。

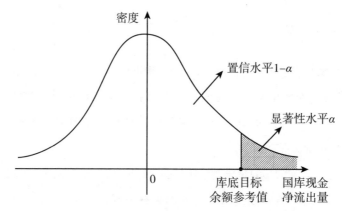

图 5－1　利用 VaR 模型预测国库库底目标余额

资料来源：李春阳和徐传平（2019）。

利用 VaR 模型测算库底目标余额的公式为：

$$Prob(NET \leqslant var) = 1 - \alpha$$

其中，$Prob$ 为事件发生的概率；NET 为国库在一定时期内的净流出头寸；var 为置信水平；$1-\alpha$ 为给定的概率，即置信水平，取 95% 的置信水平，则 $\alpha = 0.05$，$1-\alpha$ 下的在险价值即国库库底余额。VaR 模型的求解方法通常有参数法、历史数据模拟法和蒙特卡洛（Monte Carlo）模拟三种。

（四）国库现金管理大数据分析案例：F 省财政厅国库集中支付系统

1. 项目基本概况

F 省财政厅携手北京用友政务软件股份有限公司（以下简称"用友公司"）打造了新国库集中支付系统，以信息化助推深化改革的顺利前行。用友政务为 F 省财政厅打造的新版国库集中支付系统于 2018 年初上线，一直稳定运行，为省本级

1300多家预算单位提供了更便捷的服务，在完成近500万笔电子化业务单据的同时大大提高了用户的工作效率。

2. 应用效果

在F省财政信息化过程中，为实现各级各部门的业务和管理目标，财政厅逐步建设完善了相应的财政信息系统，从而落实了财政资金使用的规范化，在一定程度上提升了资金的使用效率。但随着财政改革的不断深入、财政资金规模的不断增加，也带来了新的问题。主要包括：业务系统繁多，工作人员工作量暴增，"五加二，白加黑"依然不能完成资金拨付任务；多系统、多模块、多风格，易用性差；资金规模增加，业务笔数递增，系统性能下降严重；操作烦琐，操作步骤多，功能分散，资金拨付进度慢；直接支付比重大，资金拨付主体责任不明确等多方面的问题。

F省新国库集中支付系统实现了管理和系统的"双升级"，全面提升了系统性能和功能。新国库集中支付系统（以下简称"新系统"）采用互联网思维创新界面设计，以业务需求为导向，以大数据、人工智能、图形化展示等技术为支撑，打造场景化的业务操作模式，数据与业务分离的高效查询体验、即时通信共同监督的动态监控机制、图表结合的领导决策平台，为深化改革提供了现代化、全方位的技术保障。

第一，落实以用户为中心的设计理念。一是去菜单、多入口。新系统采用以数据驱动代替菜单式管理的思路，使界面更加人性化、智能化，采取"所见即所做"的操作模式，实现多点式应用入口，带来财政支付新体验。二是全流程可视化、单据状态全知道。新系统实现了全景式业务办理，单据状态透明化，简化了操作，改善了用户体验。三是深化改革，提升管理水平，明确预算单位的预算执行主体责任，取消用款计划环节，简政放权，进行创新实践。

第二，以数据驱动助推工作效率提升。一是利用业务和查询相分离的思路，提高工作效率，在底层架构方面实现全新的突破。新系统智能查询功能得到了极大提升，实现了数据的钻取和追溯，做到查询全覆盖、无死角。二是以用户为中心，采用互联网思维，基于调研和业务梳理，打造山东财政国库集中支付"七大业务通道"，全面覆盖国库集中支付业务，以通道化、场景化简化操作方便业务办理。

第三，以大数据提高监管质量。一是放管结合，以动态监控体现管理职责规避监管风险，同时将监控规则制定权下发给部门单位，形成共商共建动态监控新形式。二是新系统简化了功能操作、创新了服务模式、优化了系统性能，深度契合 F 省财政厅简政放权、放管结合、优化服务的财政改革目标，为改革的进一步推进提供了有力支撑。

（五）总结和展望

国库数据是财政大数据最重要的组成部分之一，加强国库大数据分析系统和算法建设，提高中央和地方国库资金预测精准度，有助于增强国库现金管理能力。第一，财政大数据运用应以服务国库管理政策为目标。从近年来国库管理的政策导向来看，围绕库款保障水平、国库集中支付进度、地方政府债券资金使用进度等核心指标，不断优化国库库款管理的考核和激励机制。财政大数据系统的构建和算法的开发也应聚焦我国中央和地方国库管理的政策重点。第二，地方国库库款的决定因素纷繁复杂，不仅包括各个科目的财政支出和财政收入，还包括国库现金管理、暂存付款等内容，而且不同科目的变化规律并不相同。我们将地方财政库底资金的决定因素按各科目分为一般公共预算收入和支出、政府性基金收入和支出、国有资本经营收入和支出、转移性收入和支出、地方政府债券收入和支出、国库现金管理以及商业银行其他存款、暂存款项和暂付款项七个部分进行具体分析，构建基本预测框架。第三，常用的国库现金管理经典模型有经验分析预测法、Baumol 模型、Miller–Orr 模型和 VaR 模型等，可根据不同的需求和数据特点嵌入大数据系统。第四，从用友公司为 F 省财政厅打造的国库集中支付系统案例中，可以看到地方政府国库管理的数据化程度在不断提升，信息化系统也具备大数据采集的功能，能够为财政大数据的进一步整合、分析、预测等环节提供关键支撑。随着我国政府越来越重视数据作为生产要素的作用，逐步自上而下推动政府大数据整合，打通"数据孤岛"，大数据技术正在蓬勃发展，数据和技术都能迅速转化服务于国库现金管理。

附表 5 – 1　　　　全国政府性基金目录清单（截至 2020 年 4 月 13 日）

序号	项目名称	资金管理方式	政策依据	征收地区
1	铁路建设基金	缴入中央国库	《国务院关于提高铁路货运、煤炭、天然气价格的通知》 《铁路建设基金管理办法》 《铁路建设基金预算管理暂行办法》 《关于延续农网还贷资金等 17 项政府性基金政策问题的通知》	全国
2	港口建设费	缴入中央和地方国库	《港口建设费征收办法施行细则》 《港口建设费征收使用管理办法》 《财政部 交通运输部关于免征客滚运输港口建设费的通知》 《财政部 交通运输部关于完善港口建设费征收政策有关问题的通知》	全国
3	民航发展基金	缴入中央国库	《国务院关于促进民航业发展的若干意见》 《财政部关于印发〈民航发展基金征收使用管理暂行办法〉的通知》 《财政部关于民航发展基金和旅游发展基金有关问题的通知》 《财政部关于调整部分政府性基金有关政策的通知》 《关于新型冠状病毒感染的肺炎疫情防控期间免征部分行政事业性收费和政府性基金的公告》	全国
4	高等级公路车辆通行附加费	缴入地方国库	《关于公布取消公路养路费等涉及交通和车辆收费项目的通知》 《海南经济特区机动车辆通行附加费征收管理条例》	海南
5	国家重大水利工程建设基金	缴入中央和地方国库	《国家重大水利工程建设基金征收使用管理暂行办法》 《财政部关于征收国家重大水利工程建设基金有关问题的通知》 《关于免征国家重大水利工程建设基金的城市维护建设税和教育费附加的通知》 《财政部关于对分布式光伏发电自发自用电量免征政府性基金有关问题的通知》 《财政部关于对国家电网四川省电力公司有关政府性基金上缴问题的批复》 《财政部关于降低国家重大水利工程建设基金和大中型水库移民后期扶持基金征收标准的通知》 《财政部关于降低部分政府性基金征收标准的通知》 《财政部关于调整部分政府性基金有关政策的通知》	除西藏以外

续表

序号	项目名称	资金管理方式	政策依据	征收地区
6	水利建设基金	缴入中央和地方国库	《行政事业性收费和政府性基金票据管理规定》 《水利建设基金筹集和使用管理办法》 《财政部关于行政事业单位资金往来结算票据使用管理有关问题的补充通知》 《财政部 国家税务总局关于扩大有关政府性基金免征范围的通知》 《财政部关于取消、调整部分政府性基金有关政策的通知》	河北、内蒙古、吉林、江苏、安徽、江西、山东、湖南、福建、重庆、云南、陕西、宁夏（向社会征收）
7	城市基础设施配套费	缴入地方国库	《国务院批转国家计委关于加强房地产价格调控加快住房建设意见的通知》 《财政部关于城市基础设施配套费性质的批复》 《财政部 国家税务总局关于免征易地扶贫搬迁有关政府性基金和行政事业性收费政策的通知》 《关于养老、托育、家政等社区家庭服务业税费优惠政策的公告》	除天津以外
8	农网还贷资金	缴入中央和地方国库	《财政部关于印发农网还贷资金征收使用管理办法的通知》 《财政部关于印发〈企业公司制改建有关国有资本管理与财务处理的暂行办法〉的通知》 《财政部关于延续农网还贷资金等 17 项政府性基金政策问题的通知》 《财政部关于对分布式光伏发电自发自用电量免征政府性基金有关问题的通知》 《财政部关于调整重庆市农网还贷资金中央和地方缴库比例有关问题的批复》	山西、吉林、湖南、湖北、广西、四川、重庆、云南、陕西
9	教育费附加	缴入中央和地方国库	《中华人民共和国教育法》 《国务院关于征收教育费附加的暂行规定》 《国务院关于教育费附加征收问题的紧急通知》 《国务院关于教育费附加征收问题的补充通知》 《国务院关于统一内外资企业和个人城市维护建设税和教育费附加制度的通知》 《关于对外资企业征收城市维护建设税和教育费附加有关问题的通知》 《财政部 国家税务总局关于扩大有关政府性基金免征范围的通知》 《财政部 税务总局关于 2018 年退还部分行业增值税留抵税额有关税收政策的通知》 《财政部 税务总局关于实施小微企业普惠性税收减免政策的通知》 《财政部 税务总局 退役军人部关于进一步扶持自主就业退役士兵创业就业有关税收政策的通知》 《财政部 税务总局关于进一步支持和促进重点群体创业就业有关税收政策的通知》 《财政部关于调整部分政府性基金有关政策的通知》	全国

序号	项目名称	资金管理方式	政策依据	征收地区
10	地方教育附加	缴入地方国库	《中华人民共和国教育法》 《财政部关于统一地方教育附加政策有关问题的通知》 《财政部 国家税务总局关于扩大有关政府性基金免征范围的通知》 《财政部 税务总局关于2018年退还部分行业增值税留抵税额有关税收政策的通知》 《财政部 税务总局关于实施小微企业普惠性税收减免政策的通知》 《财政部 税务总局 退役军人部关于进一步扶持自主业退役士兵创业就业有关税收政策的通知》 《财政部 税务总局关于进一步支持和促进重点群体创业就业有关税收政策的通知》 《财政部关于调整部分政府性基金有关政策的通知》	全国
11	文化事业建设费	缴入中央和地方国库	《国务院关于进一步完善文化经济政策的若干规定》 《关于进一步支持文化事业发展若干经济政策的通知》 《财政部 国家税务总局关于对部分营业税纳税人免征文化事业建设费的通知》 《财政部 国家税务总局关于营业税改征增值税试点有关文化事业建设费政策及征收管理问题的补充通知》 《财政部关于调整部分政府性基金有关政策的通知》	全国
12	国家电影事业发展专项资金	缴入中央和地方国库	《电影管理条例》 《关于进一步支持文化事业发展若干经济政策的通知》 《国家电影事业发展专项资金征收使用管理办法》 《财政部 新闻出版广电总局关于印发〈中央级国家电影事业发展专项资金预算管理办法〉的通知》 《财政部关于调整国家电影事业发展专项资金使用范围的通知》	全国
13	旅游发展基金	缴入中央国库	《财政部关于延续农网还贷资金等17项政府性基金政策问题的通知》 《关于机场管理建设费和旅游发展基金政策等有关问题的通知》 《财政部关于印发〈民航发展基金征收使用管理暂行办法〉的通知》 《财政部关于民航发展基金和旅游发展基金有关问题的通知》	全国

续表

序号	项目名称		资金管理方式	政策依据	征收地区
14	中央水库移民扶持基金	大中型水库移民后期扶持基金	缴入中央国库	《大中型水利水电工程建设征地补偿和移民安置条例》《长江三峡工程建设移民条例》《国务院关于完善大中型水库移民后期扶持政策的意见》	除西藏以外
		跨省大中型水库库区基金		《大中型水库移民后期扶持基金征收使用管理暂行办法》《加强大中型水库库区基金征收管理》《财政部关于降低国家重大水利工程建设基金和大中型水库移民后期扶持基金征收标准的通知》	全国
		三峡水库库区基金		《大中型水库移民后期扶持基金项目资金管理办法》	湖北
15	地方水库移民扶持基金	省级大中型水库库区基金	缴入地方国库	《国务院关于完善大中型水库移民后期扶持政策的意见》《大中型水库库区基金征收使用管理暂行办法》《财政部关于取消、停征和整合部分政府性基金项目等有关问题的通知》《财政部关于取消、调整部分政府性基金有关政策的通知》	广西、辽宁、浙江、湖北、吉林、福建、黑龙江、四川、甘肃、广东、河南、江西、贵州、海南、云南、山西、青海、重庆、陕西
		小型水库移民扶助基金			广西、辽宁、黑龙江、甘肃、河北、广东、河南、贵州、海南、山西、山东、重庆、云南、陕西
16	残疾人就业保障金		缴入地方国库	《残疾人就业条例》《残疾人就业保障金征收使用管理办法》《财政部关于取消、调整部分政府性基金有关政策的通知》《财政部关于降低部分政府性基金征收标准的通知》	全国

序号	项目名称	资金管理方式	政策依据	征收地区
17	森林植被恢复费	缴入中央和地方国库	《中华人民共和国森林法》 《中华人民共和国森林法实施条例》 《森林植被恢复费征收使用管理暂行办法》 《财政部 国家林业局关于调整森林植被恢复费征收标准引导节约集约利用林地的通知》	全国
18	可再生能源发展基金	缴入中央国库	《中华人民共和国可再生能源法》 《可再生能源发展基金征收使用管理暂行办法》 《可再生能源电价附加补助资金管理暂行办法》 《财政部关于对分布式光伏发电自发自用电量免征政府性基金有关问题的通知》 《财政部 国家发展改革委关于提高可再生能源发展基金征收标准等有关问题的通知》 《财政部 国家发展改革委 国家能源局关于促进非水可再生能源发电健康发展的若干意见》 《财政部 国家发展改革委 国家能源局关于印发〈可再生能源电价附加资金管理办法〉的通知》	除西藏以外
19	船舶油污损害赔偿基金	缴入中央国库	《中华人民共和国海洋环境保护法》 《中华人民共和国防治船舶污染海洋环境管理条例》 《船舶油污损害赔偿基金征收使用管理办法》 《船舶油污损害赔偿基金征收使用管理办法实施细则》	全国
20	核电站乏燃料处理处置基金	缴入中央国库	《核电站乏燃料处理处置基金征收使用管理暂行办法》	全国
21	废弃电器电子产品处理基金	缴入中央国库	《废弃电器电子产品回收处理管理条例》 《废弃电器电子产品处理基金征收使用管理办法》 《关于公布第一批废弃电器电子产品处理基金补贴企业名单的通知》 《关于公布第五批废弃电器电子产品处理基金补贴企业名单等问题的通知》	全国

注：政策依据只呈现主要部分法律法规。

资料来源：财政部。

附表 5 - 2　　　　　2006～2018 年我国国库库款政策梳理

序号	发布年份	文件名称	主要内容
1	2006	《中央国库现金管理暂行办法》	规定以商业银行定期存款、买回国债、国债回购和逆回购等方式，对财政部在中央总金库的活期存款进行管理与运作，在确保中央财政国库支付需要前提下，实现国库现金余额最小化和投资收益最大化。同时也明确规定，在国库现金管理初期，主要实施商业银行定期存款和买回国债两种操作方式

序号	发布年份	文件名称	主要内容
2	2014	《关于深化预算管理制度改革的决定》	规范国库资金管理，提高国库资金收支运行效率。全面清理整顿财政专户，各地一律不得新设专项支出财政专户，除财政部审核并报国务院批准予以保留的专户外，其余专户在 2 年内逐步取消。规范权责发生制核算，严格权责发生制核算范围，控制核算规模。地方各级财政除国库集中支付年终结余外，一律不得按权责发生制列支。按国务院规定实行权责发生制核算的特定事项，应当向本级人大常委会报告。全面清理已经发生的财政借垫款，应当由预算安排支出的按规定列支，符合制度规定的临时性借垫款及时收回，不符合制度规定的借垫款限期收回。加强财政对外借款管理，各级财政严禁违规对非预算单位及未纳入年度预算的项目借款和垫付财政资金。各级政府应当加强对本级国库的管理和监督，按照国务院的规定完善国库现金管理，合理调节国库资金余额
3	2014	《地方国库现金管理试点办法》	地方国库现金管理操作工具为商业银行定期存款，定期存款期限在 1 年期以内。地方财政部门、人民银行分支机构应建立必要的协调机制，包括季度、月度例会制度以及每期操作前进行必要的沟通。地方国库现金管理试点范围为省级（包括省、自治区、直辖市和计划单列市，下同）
4	2014	《国务院办公厅关于进一步做好盘活财政存量资金工作的通知》	贯彻落实《预算法》和《国务院关于深化预算管理制度改革的决定》的有关规定，以促进稳增长、促改革、调结构、惠民生为主要目标，在用好财政增量资金的同时，着力盘活财政存量资金，不断提高财政资金使用效益。具体盘活措施包括清理一般公共预算结转结余资金、清理政府性基金预算结转资金和严格规范财政专户管理等
5	2015	《财政部 中国人民银行关于中央和地方国库现金管理商业银行定期存款质押品管理有关事宜的通知》	在国债基础上，增加地方政府债券作为国库现金管理商业银行定期存款质押品。参与中央和地方国库现金管理商业银行取得国库定期存款，以记账式国债或地方政府债券现券作为质押。地方政府债券不受发行主体的限制，可以跨地域质押。规定质押计价与比例。中央和地方国库现金管理商业银行定期存款质押品按债券面值计价，国债、地方政府债券分别按存款金额的 105%、115% 质押
6	2016	《关于确定 2016 年地方国库现金管理试点地区的通知》	确定天津、河北、吉林、江苏、浙江、安徽、福建、厦门、江西、海南、四川、陕西、甘肃、青海、新疆 15 个省（自治区、直辖市）为 2016 年地方国库现金管理试点地区

序号	发布年份	文件名称	主要内容
7	2016	《2016年地方财政库款考核排名办法》	为进一步督促地方加强库款管理，财政部将采用库款余额同比变动、库款余额相对水平、库款保障水平、公开发行置换债券资金置换完成率、一般公共预算支出累计同比增幅等5项指标，对各省（自治区、直辖市、计划单列市）库款情况按月进行考核
8	2017	《关于全面开展省级地方国库现金管理的通知》	地方国库现金管理商业银行定期存款期限应在1年（不含1年）以内。地方国库现金管理操作应公开、公平、公正，不得与银行贷款挂钩，不得指定质押品，不得借此干预金融机构正常经营。进一步完善地方国库现金管理存款利率形成机制。地方财政部门要结合利率市场化改革进程，指导金融机构参考省级市场利率定价自律机制协商议定的范围，结合成本和风险等因素合理确定国库现金存款投标利率水平。进一步加强库款管理与国库现金管理统筹。进一步加强预算管理，加大盘活财政存量资金力度
9	2017	《关于进一步加强库款管理工作的通知》	进一步加强资金调度与国库现金管理。财政部将进一步健全转移支付资金调度与库款规模挂钩机制，对月度库款考核排名前6位和后6位的地区，下个月将调整转移支付资金调度的进度安排，分别加快或减缓调度序时进度3~5个百分点的转移支付资金。省级财政部门要结合本地区实际，研究建立本地区的转移支付资金调度与库款规模挂钩机制。省级财政部门要严格按照法律法规和财政部等有关部门的规定开展国库现金管理；国库现金管理操作工具为商业银行定期存款，期限在1年以内；对于各地区已实施的不符合规定的国库现金管理操作以及超过1年以上期限的国库现金管理定期存款，要积极稳妥清理规范。要加强库款管理与现金管理的统筹，当月一般公共预算累计支出进度未达到序时进度98%的地区，下个月不得开展国库现金管理操作
10	2017	《关于调整完善地方财政库款考核排名办法的通知》	在继续保留《2016年地方财政库款考核排名办法》规定的"库款余额相对水平""库款保障水平""公开发行置换债券资金置换完成率"等3项指标基础上，作如下调整：第一，取消"库款余额同比变动"指标；第二，增设"库款余额相对水平同比变动"指标，该指标是指被考核地区月末库款余额相对水平较上年同期的变动幅度；第三，调整对预算执行情况进行考核的指标，将"一般公共预算支出累计同比增幅"指标调整为"一般公共预算支出收入比"指标
11	2018	《关于地方财政库款管理有关事项的通知》	从2018年1月起，《财政部关于进一步加强库款管理工作的通知》中，关于"当月一般公共预算累计支出进度未达到序时进度98%的地区，下个月不得开展国库现金管理操作"的规定不再执行

参考文献

［1］李春阳，徐传平. 国库现金管理改革中的库底目标余额测算方法研究［J］. 经济理论与经济管理，2019（12）：35－44.

［2］Baumol，W. J.. The Transactions Demand for Cash：An Inventory Theoretic Approach［J］. Quarterly Journal of Economics，1952，66：545－556.

［3］Merton H. Miller，Daniel Orr. A Model of the Demand for Money by Firms［J］. The Quarterly Journal of Economics，1966，80（3）：413－435.

第六章

经济数字化背景下国际税收规则发展：对 OECD 最新应对方案的解读与研究

2019 年 5 月，经济合作与发展组织（OECD）发布《制定应对经济数字化税收挑战共识性解决方案的工作计划》（以下简称《工作计划》），随后二十国集团（G20）财长会议批准了该《工作计划》。《工作计划》明确了应对数字经济税收挑战的两大支柱：支柱一集中于税收管辖权的分配，旨在解决数字经济带来的更为宽泛的挑战；支柱二则集中于悬而未决的税基侵蚀和利润转移（BEPS）问题。对于支柱一，为了能够拿出为各方所共同接受的解决方案，OECD 秘书处给出了"统一方法"提案，其充分考虑了包容性框架成员方[①]的不同地位，以期在"无偏见"的基础上推进各项工作。2019 年 10 月 1 日，OECD 数字经济工作组讨论了该方案并发布了新一轮征询文件，将"税权的重新分配"和"新税收联结"具体化，为 2020 年建立框架指明了方向。本章就此方案中"统一方法"的内容进行梳理、分析，并在此基础上提出 OECD 应对方案对数字经济税制建设的几点启示。

一、OECD 制定"统一方法"的主要动因

某些高度数字化企业的商业模式存在以下特点：对无形资产高度依赖，规模经

---

① OECD 建立的 BEPS 行动计划包容性框架，有超过 120 个国家和地区参与，其中超过 60% 是非 OECD 成员方和非 G20 成员方。

营,大数据、用户参与和无形资产形成协同效应。数字经济带来的税收挑战在多个方面得到了一定程度的解决,各国就经济数字化的新国际税收规则达成共识,即跨国公司的利润应该由产生利润的经济活动发生地和价值创造地所在国(地区)征收。但是,一些国家正在通过本国层面的单边行动方案来破坏这一进程。OECD 此前已针对数字经济下跨境税权划分的有效性问题进行过多次讨论(见图 6-1),利润分配规则是讨论的核心命题之一。2019 年 10 月,OECD 发布的"统一方法"提案将征税范围聚焦于全球范围内高度数字化企业提供的数字服务或面向消费者的产品而产生的收入上,旨在将更多的征税权分配给消费者所在国,而无论该商业活动是否在该国构成了物理存在。

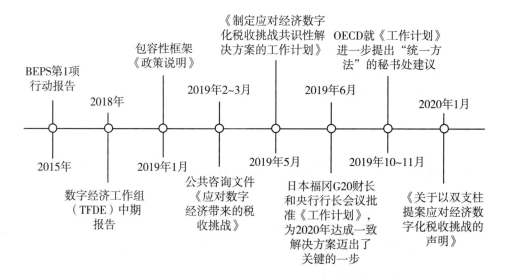

图 6-1 近年来 OECD 国际税收领域主要工作节点

经济数字化对传统利润分配规则提出挑战,"统一方法"提出的动因主要在于以下几点。

第一,从数字业务创造利润这一活动本身讲,利润因归属、来源相脱节而变得"隐形",原有的属地原则无法继续适用。1923 年国际联盟委托专家完成的《关于双重征税的报告》,一直被视为奠定了当代国际税收秩序的基础,其突出贡献便是提出了经济关联原则,可以简单理解为按照不同类型所得与有关国家的经济关联程度来划分国家之间的税收管辖权。对于所得(利润)的划分,长期以来国际税收遵循的主要原则是独立实体原则,将常设机构视为一个独立实体,即外国企业需要在东道国有物理存在,东道国才能就其利润征税,否则无权征税。基于这个原则,

OECD 结合各国实践，制定了关联企业之间的转让定价指南，要求参照可比无关联实体间的交易来确定合理的关联转让价格，在各国之间划分所得（利润）。传统利润划分原则的实现是以一定前提为基础的，即价值创造过程简单、来源地易于认定、居住地稳定等。

在数字业务经营模式下，业务更多的是直接面对消费者，且利润多是远程创造的，利润来源地没有也不需要物理存在，所以业务发生后，相应的收入不再需要通过一个起"中介"作用的物理存在，可以直接或通过"避税天堂"回到业务发生地之外的数字跨国公司总部。数字企业与其所创造的利润之间不再有明显的关联度，这突破了原有的属地原则管辖权。来源地易于认定、居住地稳定等前提都不再存在。正如 2018 年 6 月美国最高法院在审判南达科他州诉 Wayfair（South Dakota v. Wayfair）一案时所说的那样，确定税收联结度的传统方式"已经过时"，国家现在有权要求线上商家代征代缴销售税而无论线上买方在美国是否有物理存在。由此可见，各税收辖区需要在经济联结度这一原则问题上达成共识，回归经济活动创造利润本身的"统一方法"。

第二，从纳税人认定的角度讲，数字经济下强大的技术手段强化了纳税人的避税动机、增加了偷逃税的可能性，亟须一种简单高效的"统一方法"来防范税收流失风险。数字具有无形资产的特征，而这种无形资产营销借助高科技手段可以隐藏纳税主体和应税所得，由此导致的纳税成本最小化和留存收益最大化对纳税人而言具有非常大的吸引力，毫无疑问强化了纳税主体的避税动机。为了避免作为利润来源地的市场国与跨国公司母国流失巨额数字服务税款，国际税收体系现在亟须一种简单高效的"统一方法"来确定纳税人资格、征税对象、征税范围，进而从根源上消除纳税人的避税动机、提高其避税成本，确保纳税人缴纳与通过数字服务获得的利润相匹配的税款，建立业务与税款的"联结"。

第三，从税收征管的角度讲，数字经济业务带来的双重征税和双重不征税等窘境让税收征管进退维谷。数字经济业务的重要特征是数字公司在利润来源国没有物理存在，所以来源国和母国政府都不知道自己应不应该对这种跨国公司的业务征税，如果征，按何种税征？征多少？如果两国都征，显然会产生双重征税的问题；如果不征，则两国都会损失巨额税收收入。此外，即使不考虑双重征税和双重不征税的问题，按照现行国际税收规则，数字跨国公司还是可以利用转让定价规则来避税。

例如，星巴克国际咖啡连锁公司 2009~2012 年间在英国拥有 735 家门店，这期间星巴克的营业收入高达 30 亿英镑但却没交一分钱的税，而同为世界三大快餐连锁品牌的麦当劳和肯德基却分别就自己在英国获得的 36 亿英镑和 11 亿英镑的营业收入，缴纳了 8000 万英镑和 3600 万英镑的税。[①] 这其中的关键点就在于，星巴克利用了"爱尔兰荷兰三明治"[②] 这种让税务机关无可奈何的操作，而这种操作不仅星巴克在用，很多大型数字公司都在用，这就给税收征管带来了极大的困难。故需要一种同时适用于传统业务和数字业务的"统一方法"，来核定跨国企业在市场国家获得的利润以及相应的征税方法、征税标准，以提高各市场管辖区在数字业务方面的征税确定性进而保障各国的税收主权。

第四，从国际税收治理角度讲，当前各国应对数字经济挑战的单边行动给国际税收秩序带来了极大的冲击。适用于数字经济的国际税收规则仍在探索与建设，但很多国家在未达成新的税收协定或税收合作前便先行采取了单边行动（见表 6-1）。从表 6-1 可见，一些国家已经开征数字服务税，如果不尽快形成合理有效的"统一方法"，国际税收体系将受到威胁，而这反过来会加速各国出于保护本国税收主权的考虑而开启新一轮的单边行动。这种恶性循环毫无疑问会对跨国投资产生负面影响。故需要形成一个涵盖纳税门槛、税率以及相应计算方式的"统一方法"，从源头上消除各国单边行动的隐患，并防止投机资本利用国际税收缺陷获利。

表 6-1　　　　　　　　　　　部分开征数字服务税的国家

国家	税种名称	税率（%）	现状
法国	数字服务税	3	开征
印度	衡平税	2 和 6（在线广告）	开征
意大利	网络税	6	开征

---

① Robles, G.. Tax Planning in Multinational Corporations after the Discussions Referred to Immorality of Base Erosion and Profit Shifting (BEPS): With Focus on Starbucks Corporation [D]. Rheinland - Pfalz: University of Applied Sciences Mainz, 2018.
② "爱尔兰荷兰三明治"是跨国企业的一种避税安排，基本原理是高税国企业向其低税国关联企业销售货物、提供劳务、转让无形资产时制定低价，而低税国企业向其高税国关联企业销售货物、提供劳务、转让无形资产时制定高价，以最大限度减轻税负。因为其手法主要是将利润在两家爱尔兰子公司和一家荷兰子公司之间腾挪，就像两片面包夹着一片奶酪的三明治，从而被称为"爱尔兰荷兰三明治"。

续表

国家	税种名称	税率（%）	现状
英国	数字服务税	2	开征
匈牙利	数字服务税	7.5（目前为0）	开征
菲律宾	货物和劳务税	12	开征
澳大利亚	商务及服务税	10	开征
马来西亚	数字服务税	6	开征

资料来源：根据相关国家政府网站发布的官方文件整理。

二、OECD 最新应对方案的主要内容

作为一种兼顾传统业务与数字业务、发展中国家与数字经济新兴国家的国际税收新制，"统一方法"的设计理念是"不破不立"，即对于当前仍然适用于传统业务的转让定价规则等，仅作必要补充以使其同时适用于传统业务和数字业务；对于新兴的数字业务，则制定新的计算标准以便从利润创造本质的角度对数字经济业务公平征税。OECD 最新应对方案中有两点是特别值得注意的。

（一）实质重于形式原则

"统一方法"超越了独立交易原则，抓住数字业务创造利润这一经济活动的本质，不考虑跨国公司在利润来源国是否有传统意义上的物理存在，而是重点关注利润与数字业务的联结度，以此来确定利润和税权在市场辖区的重新分配。

第一，在征税范围上，OECD 最新应对方案主要针对高度数字化的经营模式，这是重新分配征税权的基础，也是明确纳税主体的起点。从更广泛的层面上说，征税范围应涵盖所有面向消费者的业务。这是因为数字业务可将自己嵌入消费者（包括用户）① 的日常生活中，不但可以与自己的消费群互动，而且完全不需要在市场

---

① 根据公共咨询文件《OECD 秘书处关于支柱一"统一方法"的提案》，"消费者"一词泛指出于个人用途（即不是为某种专业用途或商业用途）而获取或使用商品或服务的个人，"顾客"一词泛指某种商品或服务的全部接受者（包括非终端用户的商业顾客）。

中建立任何传统意义上的实体就可创造相当规模的价值。这是数字业务最大的特征，这种特征决定了数字业务可以实现与用户之间的远程互动，而远程就意味着没有了地理位置的限制，所以无论这些用户是不是其初级客户都不影响业务的推进。所以，"统一方法"将征税范围确定为面向消费者的、规模较大的高度数字化业务，只要跨国公司通过向消费者提供包含"面向消费者元素"的产品或数字服务来获得收入，就应当被征税。

第二，在征税对象上，OECD最新应对方案主要针对数字业务的新增利润。在应对数字经济带来的税收挑战这件事上，与OECD同样积极的还有欧盟，甚至可以说欧盟更积极，因为即使在各成员方无法达成一致的情况下，欧盟依然在快速向前推进数字服务税的征收。只不过，欧盟的首要着眼点是巨额税款的流失，而OECD的首要着眼点是保证数字经济下国际税收可持续发展的机制建设。由于首要目标不同，欧盟和OECD在操作上也存在着显著差异。

根据欧盟的最初计划，对于全球营业额达到7.5亿欧元以上和在欧洲线上销售额达到5000万欧元以上的所有企业，对其在欧盟市场的在线销售和服务征收3%的新税。① 然而，欧盟的这一计划始终无法获得其成员方的一致赞同，如爱尔兰、卢森堡、丹麦、芬兰和瑞典等国就纷纷表示反对，认为这样的行为有可能影响欧洲的经济增长前景、扭曲资源配置、抑制欧洲的数字经济发展，而这种反对倒是与OECD在数字服务税上的初衷不谋而合。

与欧盟的做法不同，OECD的"统一方法"采取了核定行业利润率的办法，而且，由于以独立交易规则为基础的转让定价规则仍然适用于常规交易，所以"统一方法"并未修改或放弃原有规则，而只是针对现行体系中压力最大的环节补充了一些公式，并在此基础上考虑设定收入门槛作为补充。但OECD的收入门槛与欧盟的收入门槛有着很大的不同，OECD的收入门槛在设定时有两种考虑，这两种考虑都指向同一基础，即经济活动创造利润的实质。其一，根据市场规模确定销售额门槛，并将此作为在利润来源国显著经济活动的主要判断标准；其二，销售额门槛在设定时考虑了诸如在线广告这种同时针对利润来源国的付费用户和该国之外的不付费用户的特定活动，目的是兼顾数字业务模式和传统业务模式，进而确保不同业务模式之间的"中性"，以及尽可能捕捉到所有在利润来源国存在显著经济活动的远程业

---

① 冯迪凡. 欧盟数字服务税大缩水：德国怕特朗普报复，法国赌气要单干［EB/OL］. https://www.yicai.com/news/100075424.html,2018－12－07.

务形式。

（二） 创造一种不需要物理存在的利润联结方式，向市场辖区分配新税权，据此实施新的利润分配规则

针对支柱一，OECD 新方案的基本思想是，由于传统的利润分配规则不适用于数字业务创造的利润，所以要创造一种不需要物理存在的利润联结方式，同时，为了避免产生扭曲效应并且兼顾传统业务和数字业务，需要创造一种新的利润分配方式，这就是三层利润分配机制。

1. 基本内容

通过与当前转让定价规则的配合，三层利润分配机制将会以一种简单的方式向市场辖区分配合理的利润，旨在避免产生双重征税。这种机制对跨国公司在市场辖区产生的损益皆可适用，无论是否有物理存在都不影响征税，而且因为对数字经济新兴国家和发展中国家都"无偏见"，所以可以有效防止冲突和争议。

具体而言，"统一方法"将数字业务在某一市场辖区获得的利润分为金额 A、金额 B 和金额 C。属于金额 A 的利润会增加分配给市场辖区的商业利润额，但不考虑是否有物理存在，也即由数字业务产生的实实在在的新增利润；而属于金额 B 和金额 C 的利润则只适用于传统市场意义上的利润联结，即有子公司或常设机构时的情况（见表 6 - 2）。

表6 - 2　　　　三层利润分配机制中金额 A、金额 B 与金额 C 之间的关系

项目	业务类型	利润分类	定义	适用原则	是否有物理存在
由财务报表确定的总利润	非常规业务	金额 A	完全由数字业务创造的新增利润	适用转让定价原则	无
	常规业务	金额 B	传统基线业务创造的利润	适用转让定价原则	有
		金额 C	传统非基线业务创造的利润	适用独立交易原则	有

2. 新利润联结对国际税收传统利润分配方式的继承与创新

这种新的三层利润分配机制其实可以看成对传统的国际税收利润分配规则的继承与创新。其中，金额 B 可看作继承部分，继承了仍然适用的转让定价规则下的利润分配方式，金额 A 可看作创新部分，创新点在于建立一种适用于数字业务特征的全新的利润分配方式，而金额 C 则打通了金额 B 和金额 A，避免这两者因为目标业务不同而彼此隔离，从而三者协同作用于数字经济下的国际税收体系，促进数字经济背景下国际税收的可持续发展。

继承传统的金额 B——市场辖区基线业务营销和分销的固定报酬。这种利润其实是想建立一种对发生在市场辖区的特定"基线"活动或常规营销、分销活动的固定报酬机制（随行业和地区而变）。在某种程度上，这和目前常说的行业利润率这种概念差不多，所以在诸多计算固定报酬的方法中有一种就主张使用单一的固定百分比（可以是随行业和/或地区变化的固定百分比）来进行计算。

虽然跨国公司的营销、分销业务与自己的其他业务通常都能清楚地区别开来，但这并不是说就不存在"中间地带"的问题。因此，必须清晰界定到底何种活动才适用于固定报酬机制。

与单纯用来核定利润的行业利润率不同，金额 B 的这种固定报酬旨在减少本区域内的争议，进而实现纳税方和征税方的共赢。这种设计不但会降低双重征税的风险，而且还会降低由现行转让定价规则的严格执行而导致的巨大遵从成本。

创新发展的金额 A——通过公式化的方法（即新税权）来确定分配给市场辖区的剩余利润，其中的一部分属于金额 A，从本质上说，这是一种利润的再分配。

由图 6-2 可见，金额 A 是赋予市场辖区的一种新型征税权，以业务线为基础计征，是一种剩余利润，可简单理解为"金额 A ＝剩余利润＝总利润－属于利润来源国的常规利润"，这里的常规利润是指由在该国发生的经济活动产生的常规利润，按照"统一方法"的规定应由利润来源国征税。为此，需要确定常规利润水平以及可归入市场的剩余利润比例，这种利润比例要符合三个条件：第一，通过基于销售额的公式计算出来；第二，超过新联结的收入门槛；第三，可由相应市场辖区征税。利润比例的确切数字将通过包容性框架成员国之间基于共识达成协议的方式来确定。

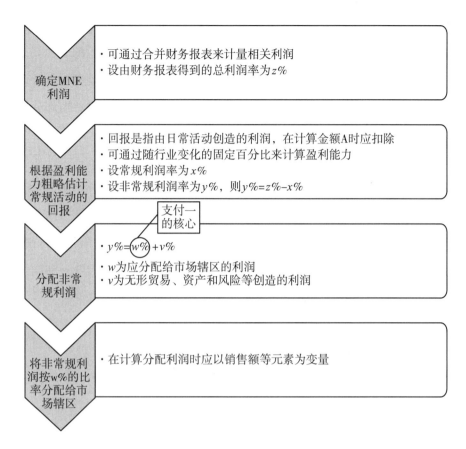

图 6-2　金额 A 的确定步骤

从广义上讲，这种方法可以说是剩余利润分割法和比例分配法的结合体。其主要有以下优点：第一，可以将某项数字业务实现的非常规利润分离出来，而且，由于这种方法将门槛概念引入了盈利能力的确定，并且以非常规利润为导向，所以不会对适用于常规活动的转让定价规则产生冲击，进而可降低实操时的复杂性；第二，由于所得税辖区都不需要放弃对本辖区内常设机构常规利润的征税权，所以更加有利于推动包容性框架成员方达到一致；第三，使用简化协定有利于推进新的利润分配方法的税务管理，既能保留当前的转让定价规则又能减少争议，而这是支柱一的题中之义。

打通传统与创新的金额 C[①]——纠纷有效约束及解决机制，这主要针对发生在市

---

① 关于金额 C，还要特别注意市场辖区内金额 A 下的利润（无论是全部还是部分）不会被重复计算。有一种观点认为，金额 A 下的利润（全部或部分）在某种程度上也可理解为是由市场辖区中的功能性活动创造的，该辖区同时也享受到了金额 C 的好处，所以要仔细考察金额 A 与金额 C。

场辖区的、超过金额 B 的境内基线活动固定报酬的利润。也就是说，当企业在市场辖区内的活动超出了本地实体的预设"基线"活动（这类活动产生的利润就是上述金额 B 下的固定报酬）时，相应的市场辖区应根据现行转让定价规则对额外活动产生的额外利润征收相应税款。但在数字经济环境下，超出金额 B 的利润部分可能很难判断到底是由传统业务创造的还是由数字业务创造的，于是就分离出了金额 C 这种利润。

纳税人和税收征管部门都有权主张发生在市场辖区的营销和分销活动是否超出了"基线"活动的水平，双方亦有权主张跨国公司是否有权在市场辖区内从事与营销和分销无关的其他商业活动，从而确保有超出金额 B 固定报酬的利润可被征税，但无论主张哪种权利，只要适用独立交易原则，用金额 C 来表示的额外利润都应缴纳税款，当然，在这些情况下，可能还需要采取相应的强硬措施来解决争议和避免双重征税。总而言之，至关重要的是要综合考量现有方法和可能的新方法，这样才能真正做到解决争议和消除双重征税。

三、思考与启示

（一）OECD 最新应对方案将引发国际税收规则的重塑

经济数字化背景下，OECD 新税权划分方案是针对数字经济的非常规利润征税。根据欧盟的资料，数字企业的有效税率不足传统企业的 50%。[①] 数字企业的所得税税基由于国内外税制的漏洞大幅缩小，对其征税并非对经济的"破坏性创造"，不征税才是对经济的扭曲。

确定盈利能力和分割非常规利润的方法有很多种，但 OECD 最新方案选择了一种简化方法，提出一系列尽可能同时适用于传统业务和数字业务、适用于发展中国家和数字经济新兴国家的统一规定，目的就是既避免双重征税又避免双重不征税，进而在平等的基础上重新分配非常规利润的税权。新方案旨在通过制度建设让数字

---

① 岳云嵩. 数字服务税发展动向与启示——以欧盟为例［EB/OL］. http：//www.sohu.com/a/319635523_735021，2019 - 06 - 10.

经济下的税收回归经济活动本身。

OECD 方案将引发的国际税收规则发展会产生三个层次的规则协调：一是修订所得税领域的国际规则；二是引发各国国内税法与国际税收规则的良性互动；三是形成多边法律工具，促进多边税收协调。自 20 世纪 20 年代首次出现国际税收合作以来，其基本特点一直是采用双边税收协议模式。目前在 OECD/G20 包容性框架下，有 130 多个国家和地区共同探寻多边解决之道，有利于避免国家之间无益的税收竞争。[①] 但多边合作下各方达成共识困难重重，前述"统一方法"并不代表 BEPS 项目下其他框架成员方的一致意见，未来的影响会超越数字经济以及业务模式本身，我国政府和企业应密切关注改革动向。

（二）OECD 最新应对方案引发对数字服务税定性的思考

英国、法国、意大利、西班牙等国纷纷于近期提出了本国的数字服务税方案，OECD 也表示将在 2020 年达成共识，其对国内数字服务税的理解有所不同。按照当下的理解，欧盟将数字服务税默认为货物劳务税范畴；OECD 的"统一方法"尽管是针对数字经济税收的国际规则和利润分配设计的，但对国内数字服务税也有明显的影响，就其三层利润分配机制来看，这一方案并非针对企业所得税规则中数字活动的一般性改革，而是针对数字活动收入的一种临时性方案。

2018 年 3 月 21 日，欧盟委员会提出了对欧盟的数字活动进行公平征收数字服务税的提案，其中包括一项长期解决方案和一项临时解决方案。在长期解决方案中，欧盟明确指出"年度收入超过 700 万欧元"为征税门槛，而在临时解决方案中，欧盟指出"对全球年收入总额为 7.5 亿欧元、欧盟收入为 5000 万欧元的互联网公司征收 3% 的数字服务税，涵盖了目前在欧盟逃税的主要数字活动，包括在线广告收入、数字中介活动收入、用户数据销售收入"[②]。可见，欧盟采用的是收入门槛的方法，也就是针对数字企业的营业收入而非利润增值征收数字服务税。

OECD 的"统一方法"是由于数字经济下企业所得税税权难以划分，针对数字活动收入的一种临时性方案。三层利润分配机制里的金额 A 是利润增值，市场辖区

---

① 田辉. 美欧数字服务税争议考验国际合作大智慧 [EB/OL]. http://www.drc.gov.cn/xscg/20191230/182-473-2900081.htm, 2019-12-30.

② 张群. 全球数字服务税最新进展、动因及对我国的启示 [J]. 信息通信技术与政策, 2019 (7).

就是要针对这种增值征税。

可以说，欧盟和 OECD 的考虑都有其合理之处。本章认为，数字经济简单而言就是由数字驱动的经济，从国际税收的角度讲，数字业务和传统业务的主要区分点就是前文所述的远程及在利润来源地无物理存在，这种特征决定了数字服务税的征税对象是表现为数字服务的数据。

如果针对数字企业开征类似企业所得税的数字服务税，存在市场辖区税权划分上的显著困难，倒不如纳入货物劳务税的范畴加以考虑。在我国现行的税制框架下，增值税就可以囊括其中，需要进一步讨论的并非新税种的设立，而是如何进一步加强征管并加强国际税收协调。我国应加快数字经济税收相关研究，尽快构建适合于数字经济的国内税收新秩序。

（三）OECD 最新应对方案暗含提高税收确定性的重要意义

税收确定性能够成为一种经济"稳定器"，这是因为，对纳税人而言，税收确定性是影响其投资决策的重要因素；对国家而言，税收确定性对经济增长亦具有重大影响。在制定税收规则时应避免产生不确定性，因为这种不确定性往往会影响运营成本、转化为遵从成本，严重时甚至会抵消诸如"数字服务税"相关税收努力带来的正面效应。

一方面，需通过国际国内税收规则的适应性调整，避免规则制定与业务模式变化的不同步。传统税收规则之所以无法避免甚至加剧了数字服务税款的流失，根本上是因为税种性质与税基不匹配，数字企业的巨额数字利润不会表现为所得税的税基。另一方面，数字经济下的税收规则要符合清晰、明确、简单化的原则，避免规则执行和遵守中的不确定性。

（四）国际税收规则发展从表面上看是税收管辖权的重新划分，实则体现国际税收治理的大国博弈

根据中国信息通信研究院于 2019 年 10 月发布的《全球数字经济新图景（2019年）》，2018 年，英国、美国、德国数字经济在 GDP 中已占据绝对主导地位，英国数字经济 GDP 占比达到 61.2%，美国占比为 60.2%，德国占比为 60.0%，占比排

名位列前三位。① 根据国家互联网信息办公室发布的《数字中国建设发展报告（2018 年）》，2018 年中国数字经济规模达 31.3 万亿元，占 GDP 的比重达到 34.8%，中国依然保持全球第二大数字经济体地位，规模达到 4.73 万亿美元。

一方面，在"唯快不破"的数字经济时代中，要想维护好本国的税收主权和税收利益就必须先发制人。这就是为什么在 OECD 和欧盟确定最终行动方案之前，个别国家便先行采取了单边行动，从保护本国的数字服务税收主权和保护本国数字企业的角度，避免其在数字经济的国际竞争中陷于被动。另一方面，经济数字化背景下的国际税收规则发展，对中国来说意义非凡。目前，作为世界第二大数字经济体的发展中国家，中国可推动数字经济下的国际税收体系建设朝着有利于发展中国家和数字经济新兴国家的方向发展，推动国际税收体系真正实现可持续发展。

中国作为 G20 成员方和包容性框架成员方，应继续加强国际税收协调，并在规则制定方面积极发声。例如，OECD 应对方案里仍有不少问题待商榷，这些问题包括但不限于：是否要对数字跨国公司进行重新定义以明确其业务性质，金额 A 的利润在金额 C 中可能会被重复计算，新税权下税收优惠应采取何种形式，数字经济征税支柱一和支柱二彼此之间的协调，等等。

参考文献

[1] 高金平. 数字经济国际税收规则与国内税法之衔接问题思考 [J]. 税务研究，2019（11）.

[2] 励贺林. 对数字经济商业模式下收益归属国际税收规则的思考 [J]. 税务研究，2018（7）.

[3] 廖益新，官廷. 英国数字服务税：规则分析与制度反思 [J]. 税务研究，2019（5）.

[4] 岳云嵩，齐彬露. 欧盟数字服务税推进现状及对我国的启示 [J]. 税务与经济，2019（4）.

[5] 张群. 全球数字服务税最新进展、动因及对我国的启示 [J]. 信息通信技术与政策，2019（7）.

[6] 张泽平. 数字经济背景下的国际税收管辖权划分原则 [J]. 学术月刊，2015，47（2）.

---

① 中国信息通信研究院（CAICT）.《数字经济新图景（2019）》［EB/OL］. http：//www. caict. ac. cn/kxyj/qwfb/bps/201910/t20191011_ 214714. htm，2019 – 10 – 11.

第七章

税收征管中的区块链技术应用：
基于"不可能三角"的思考

区块链①是近年来信息技术最重大的技术创新之一，其不仅带来了信息技术的更新迭代，也有可能改变运用大数据的方式。由于区块链所具有的独特优点和应用前景，有关区块链在各个领域的应用研究正在积极开展，税收征管也不例外。目前关于区块链在税收征管中应用的国内外研究逐渐增多，部分研究探讨了区块链在税收征管中的可能领域和相关前景。同时，国内外也开始出现区块链在税收征管中应用的实践。但税收征管有其自身的特殊性，且区块链技术也存在着应用中的"不可能三角"问题，有必要将两者结合起来进行分析和探讨。

一、区块链技术应用于税收领域的价值

自中本聪（Nakamoto，2008）提出"区块链"的概念以来，区块链技术已经在全球得到迅猛发展。尽管区块链最早被提出来的应用领域是加密货币的发行、储存和交易，但是，区块链技术的价值要远远超出于此。作为一种创新性的数据存储和传输系统，区块链在诸多领域具有潜在的应用价值，许多重要行业已经开始探讨乃

---

① 一般认为，区块链是一套可信任的分布式数据库"账本"，区块链技术是一种分布式数据存储、点对点传输、共识机制、加密算法等技术的新型集成应用，具有去中心化、开放性、防篡改、匿名性等特点。

至尝试运用区块链技术对传统业务流程进行改造，以节约成本、提高效率。例如，在不动产登记上，应用区块链技术可以更好地提高所有权的透明度，追踪其历史记录，减少欺诈和纠纷（Ishmaev，2017）。瑞典、巴西等国家已正式开始利用区块链技术推动土地和房地产所有权登记（Young，2017）。在食品流通领域，区块链技术同样对食品安全有很强的价值和应用潜力。通过区块链，食品从源头到分销网络到最终客户的全过程都是可追溯的，因此可以帮助防止欺诈和预防食源性疾病的问题（Ahmed & Broek，2017）。

在国家层面，各国普遍认识到区块链技术的潜在应用价值，并纷纷从国家战略层面进行关注与推动。例如，爱沙尼亚早在几年前就已经将区块链技术和分布式账本运用于公共服务和电子政务，其采取的无钥签名基础架构（keyless signature infra-structure，KSI）实现了政府及个人活动记录的透明化与问责性，由此极大地提升了民众对公共事务的参与度和政府公共服务的效率（Government Office for Science，2016）。我国也越来越重视对区块链技术的应用。2016 年 12 月国务院印发《"十三五"国家信息化规划》，首次提到"加强区块链等新技术基础研发和前沿布局"；2017 年，国务院办公厅印发《关于积极推进供应链创新与应用的指导意见》，再次明确提到"研究利用区块链、人工智能等新兴技术，建立基于供应链的信用评价机制"。

从税收领域来看，由于区块链透明性、不可篡改等核心特性极度契合税收征管的内在需要，因此区块链技术可以用来改造税收征管制度，并可能在税收领域引发革命性的变化（Steveni & Smith，2016）。区块链技术在税收领域的应用价值主要体现在以下几个方面。

第一，区块链的透明性可以提供全面翔实的涉税信息。区块链是一个基于分类算法的分布式数据库，所有的网络成员都可以查看和验证数据的真实性。在同一时间段内，区块链系统中的信息具有开放性、详细性和不变性，因此能够更可靠、全面地记录经济交易、所有权转移、资金往来等涉税信息。

第二，区块链的不可篡改性可以帮助减少税收欺诈，提高税收遵从度。作为分布式数据库，数据被输入后就无法被修改。这使得欺诈和错误更容易被发现，并降低了不遵从税法的风险（PwC，2016）。尽管区块链技术无法从源头上阻止错误信息被输入系统，但在系统的运行过程中，数据的全程透明和不可篡改使得错误信息和欺诈行为更容易被发现。这一点在增值税的征管中特别有用，它可以有效追踪增值税是否已经缴纳及其缴纳地，从而减少偷税和骗税行为。同时，区块链技术的使用也可以降低纳税人，特别是小微企业和个人的税收遵从成本，提高纳税人的税收遵从度，并提高税务机关对其微观交易行为的监督能力。

第三，自动执行的智能合约下，经济交易可以实现实时或近乎实时的记录，有助于提高征税效率。在传统的税收征管制度下，税额征缴是基于对报告期内的收入支出等数据对比计算而得的。而应用区块链技术则可以实现经济交易等信息的实时、自动上传，进而使在经济交易发生时同步透明化地计算、缴纳税款成为可能（Flynn，2016）。

第四，区块链技术的应用可以降低征税成本。区块链技术在经济活动中的广泛应用能显著地降低商业运行成本，与商业相关的区块链则构成了世界范围内的总账本。同样地，这一账本也可以用来计算和缴纳税款。因此，区块链技术的应用可减少编制税务报表以及税收管理和稽查的成本，降低政府行政支出。

二、区块链技术在税收领域的应用

基于其核心特性，区块链技术在税收领域的应用主要有两个方向。一是提高税收管理能力。对税务部门来说，区块链技术可以用来提供和共享准确、详细和可靠的信息，从而可以强化与交易相关的税收如增值税、预提税、工薪税的征管，增强打击逃税的能力。二是可能实现税收的实时征纳。在理想状态下，在经济交易发生时，基于区块链技术的计算机程序就能实时计算出应纳税款并在交易结算后立即从企业银行账户中自动扣缴，从而可以消除传统税收征管制度下存在的错误和欺诈行为（Vishnevsky et al.，2018）。从当前的实践和研究来看，主要的关注点在于如何应用区块链技术提高税收征管能力，以及改进增值税和工薪税的征管系统。

（一）提升税收征管能力

区块链的透明性和不可篡改性应用到税收征管上，可以在很大程度上降低信息误报、隐瞒和篡改的风险，从而提高税务部门的征收管理效率，降低征纳双方成本。这方面最典型的事件来自爱沙尼亚。在爱沙尼亚全国运行的区块链网络中，纳税人可以方便地进行在线自动化申报纳税。2013年，有95%的爱沙尼亚人在线向税务部门申报收入并纳税，而这只需要花费5分钟时间，由此极大地减少了征收成本，节约了纳税人时间——大约每年4.5个工作日（Miller & Seddon，2017）。希腊在财务税务领域强推区块链技术，该国6000多个岛屿的税收征管应用区块链技术后，所有数据和流程一目了然，任何数据修改税收部门全程可查，极大地防止了偷漏税和官员腐败。实践半年来，为政府节约了约30%～50%的监管成本和约50%的运营成本（聂欧和刘秋娜，2018）。

（二）增值税征管

应用区块链技术改造增值税征管系统是当前的研究热点，也被认为是区块链技术能取得重大突破的重点领域。增值税内嵌于整个经济活动中，在传统征管制度下，企业向买方预收税款并向政府申报纳税。然而，在复杂的经济活动以及存在跨境交易的情况下，存在着税款流失以及税收欺诈的重大风险。应用区块链技术，可以使所有应纳增值税的经济交易活动更为透明，且全程可实时监控，这将有助于降低征收和遵从成本，阻止税收欺诈行为的发生，甚至还将进一步阻遏黑市经济，提高整个经济的运行透明度（Government Office for Science，2016）。

针对欧盟增值税制度下存在的"旋转木马式"骗税行为，爱思沃斯和奥伍海比（Ainsworth & Alwohaibi，2017）设计出一套具体的区块链应用方案，其核心机制是当两个交易者同意一项交易时，增值税分布式账本规则要求双方将这一暂定协议（也就是预开发票）以加密电子文档的形式发送给各自的税务部门，同时这将被传输到网络云及相应节点上。在此基础上，共识机制通过人工智能风险分析核实整个交易的适当性。在此链上的每个相关政府节点都被要求对该交易做出批准或者不批准的决定，只有达到设定的共识阈值，这一共识才会被自动登记。进一步地，爱思沃斯和奥伍海比（2018）还提出了设立增值税币（VAT Coin）进行增值税实时清算的设想。

（三）工薪税征管

工薪税是设想中可应用区块链加以改进征管的另一重要税收领域。在传统征管制度下，工薪税的计算极其复杂，由雇主申报缴纳，但所需数据却是由多个政府部门收集并存储。这正是分布式账本能发挥作用的极佳场所（Ainsworth & Viitasaari，2017）。应用区块链技术，可以抛弃传统低效率的雇主申报纳税模式，实现工薪税的自动扣缴，在源头上消除工薪税的欺诈行为（杰弗里·欧文斯，2017）。

三、区块链技术在税收征管应用中的局限性

目前的研究主要是针对区块链所具有的去中心化、透明性、数据不可篡改性等优点，进而分析如何将这些技术和优点运用到增值税和工薪税等的税收征管中。但税收征管有其自身的特殊性，当区块链与税收征管结合在一起时，去中心化、透明性和不可篡改性等优点会受到一定的限制。同时，区块链的"不可能三角"决定了税收征管不能同时运用所有区块链的优点。

（一）区块链技术的优点与税收征管

1. "去中心化"问题

区块链利用分布式存储技术和相关共识机制实现了"去中心化"，即基于区块链技术的数据库不需要具有可信任的中心管理机构，而是通过区块链网络中的各节点对某项交易或行为的有效性达成一致，区块链网络中的参与者能够直接与链上其他用户进行交互，从而保证信息的完整性和准确性。

但结合税收征管的活动内容和性质可以看到，税收征管并不只是个人和企业等主体参与的活动，而是税收征管部门（税务机关、海关以及其他相关部门）与纳税人（个人和企业）等主体共同参与的活动。同时，征管机构与纳税人之间也并不是完全平等的地位，纳税人的身份需要由征管机构进行认证，必须由征管机构对区块链写入权限加以控制，期望纳税人自己管理或者纳税人之间相互管理是不现实的。

同时，在"去中心化"下区块链还只是以账本为主的数据存储，其数据指的是账本数据，并没有涉及互联网里的整个大数据。其实际应用中涉及分片存储和高并发交易两个方面的问题。区块链作为分布式数据库技术或作为分布式的账本，存在不能提供有效数据隐私防护机制、只能存储小账本数据等巨大的瓶颈；同时，其实

际上能够处理的数据量是有限的，存在着不能提供通用计算、只能做交易相关计算的问题。如何将现实中各种容量巨大的数据库与区块链结合在一起，正是目前区块链技术要解决的问题。显然，实现去中心化可能会与税收征管所涉及的大量数据存储和处理之间存在矛盾。

2. 数据透明性问题

区块链技术的另一个优点是透明性，即区块链的参与者都能够访问和查看分布式账本上的每笔交易和相关信息；区块链同时也能够隐匿交易者的身份信息，从而保护交易者的隐私。这种透明性是区块链得以生存和发展的突出优点。但从税收征管的角度看，纳税信息是否透明可能并不是区块链在税收征管中应用的优点。因为纳税人的纳税等私有信息一般并不愿意对社会公开，税务机关也有为纳税人数据保密的义务。

从企业等纳税人角度看，企业的交易等信息不是由企业自身来记录，而是由整个社会上的各个纳税人主体来记录，如果企业等纳税人不能接受这一点的话，将难以建立以各个纳税人为参与主体的区块链系统。目前比特币区块链的运行，是因为各个参与主体愿意接受比特币的规则，各个挖矿主体和交易主体才会通过区块链账本来记录信息。根据《中华人民共和国税收征收管理法》规定："纳税人、扣缴义务人有权要求税务机关为纳税人、扣缴义务人的情况保密。税务机关应当依法为纳税人、扣缴义务人的情况保密。"[①] 在纳税人的纳税信息需要保密的情况下，运用透明度高的区块链可能并不是一个好的选择，反而现行的传统数据库更为适合。因为通过税收征管机构的管理，可以有选择性地授权部分参与者访问有关数据，披露纳税人的部分纳税信息。

3. 安全性问题

数据的安全性或不可篡改性也是区块链技术的核心优点之一。一般认为，一旦某项交易信息经过验证并添加至区块链，就会永久地存储起来，在单个节点上对数据库的修改是无效的，即交易记录是不可逆、不可篡改的。如果这个优点能够应用

---

① 《纳税人涉税保密信息管理暂行办法》规定：纳税人涉税保密信息，是指税务机关在税收征收管理工作中依法制作或者采集的，以一定形式记录、保存的涉及纳税人商业秘密和个人隐私的信息。主要包括纳税人的技术信息、经营信息和纳税人、主要投资人以及经营者不愿公开的个人事项。

于纳税人的各项交易，将能够很容易地解决目前纳税人利用隐瞒交易、虚假交易等方式进行逃税的行为。

但区块链的数据不可篡改性也存在着一定的前提。区块链在分布式数据存储下是去中心化的，即通过主体的共同参与和相关共识机制来实现对某一事项的判定，不需要某一"权威主体"来对参与主体的行为或某一事项进行判定。因此，区块链技术的基础是共识机制，该机制是在一个时间段内对事物的前后顺序达成共识的一种算法。正是这个共识机制才能保证区块链中的数据不会被篡改。目前比特币所运用的共识机制是工作量证明机制。工作量证明机制在理论上同样存在缺陷，即著名的51%风险。51%风险是指如果有一个节点控制了区块链网络的大部分运算能力，在超过51%的时候就能够更改历史交易的有效性和可靠性，从而篡改历史数据。针对工作量证明机制存在的缺陷，目前区块链技术也出现了其他的共识机制，包括权益证明机制、延迟工作量证明、授权机制等。实际上，区块链的每种共识机制都存在优缺点，需要根据应用领域的需要进行选择。从税收征管看，税务等征管机构是判定纳税人相关交易是否真实、合法的机构，且税收领域往往需要有追溯效力的修正行为，因而税收征管是否需要运用区块链技术来保证数据的不可篡改性，需要分情况处理。

还应提出的是，区块链技术能够保证形成的交易数据不可篡改，但并不能保证生成的数据都是真实的。从税收领域看，存在着大量的形式上合法但实质不合法的交易现象。例如现行出现的虚开增值税专用发票问题，即某企业通过税控系统开出的增值税专用发票在形式上是真实的，但并没有真实的交易，只有最终通过税务稽查才能明确交易是虚构的。因此，即使是区块链技术，也不能保证有效消除税收征管中的虚假交易行为。

（二）区块链的"不可能三角"与税收征管

上述分析表明，区块链技术的优点在税收征管中应用时会存在一定的限制。实际上，即使从区块链技术自身看，同时应用这些优点也同样存在着局限性。与财政领域存在着著名的减税、增支与控制赤字的"不可能三角"类似，也有观点提出了区块链技术在高效低能耗、安全与去中心化上的"不可能三角"。即如果选择去中心化和高效低能耗，则要牺牲安全性；如果选择去中心化和安全，则需要放弃高效低能耗。

从实践来看，在目前区块链技术应用最成功的比特币相关领域，比特币的工作量证明仅支持 7 笔/秒的交易速度上限，而且随着长时间的运行，目前交易速度仅为 3 笔/秒左右，即使是技术改进后的超级账本的联盟链，每秒也只能处理 2000～3000 笔交易，而目前支付宝系统的支付峰值则达到了 25.6 万/秒（李启明和胡浩青，2017）。高效低能耗在很大程度上制约了区块链技术的应用真正落到实处。这也意味着，税收征管如果要完全应用区块链技术去中心化和安全性的优点，则可能会带来效能方面的损失。

正是由于区块链"不可能三角"的存在，现实中区块链的应用需根据实际情况的需要，在去中心化、效能和安全性之间进行取舍。因此，区块链根据访问权限的开放度（去中心化程度）可划分为公有链、私有链和联盟链。不同类型的区块链，在"去中心化""透明性"等方面是存在差别的，并分别适用于不同应用领域。

根据表 7-1 中对各类区块链的分析可知，公有链中的参与者都是平等的，没有权威主体，即使是程序开发者也无权干涉各个用户主体，因而才能形成"去中心化"和"透明性"等特点。而私有链是对经过身份认证后的部分群体开放，写入权限由某个组织和机构控制。

表 7-1 不同类型的区块链特点和应用情况

类型	访问权限和主要内容	特点	应用领域
公有链	对所有人开放，任何人都可以读取和发送交易，能参与其中共识过程的区块链。程序开发者无权干涉用户，可以保护使用他们开发程序的用户	"完全去中心化"，具备保护用户免受开发者的影响、访问门槛低、所有数据默认公开等特点	包括比特币、以太坊、超级账本、大多数"山寨"币以及智能合约，其中区块链公有链的始祖是比特币区块链
私有链	对单独的个人或实体开放，写入权限由某个组织和机构控制的区块链。参与节点的资格会被严格限制	"部分去中心化"，由于参与节点是有限和可控的，具备极快的交易速度、更好的隐私保护、更低的交易成本、不容易被恶意攻击等特点，并且能做到身份认证。相比中心化数据库，区块链私有链能够防止机构内单节点故意隐瞒或者篡改数据，即使发生错误，也能够迅速发现来源	提供安全、可追溯、不可篡改、自动执行的运算平台，同时防范来自内部和外部对数据的安全攻击。主要是企业内部的应用，如数据库管理、审计等；以及政府行业，如政府的预算和执行，或者政府的行业统计数据

续表

类型	访问权限和主要内容	特点	应用领域
联盟链	属于特殊类型的私有链，对特定的组织团体开放，有若干个机构共同参与管理的区块链。每个机构都运行着一个或多个节点，其中的数据只允许系统内不同的机构进行读写和发送交易，并且共同记录交易数据	区块链联盟链具备低成本运行和维护、高交易速度及良好的扩展性等特点，对安全和性能的要求也比公有链高	适合于机构间的交易、结算或清算等 B2B 场景。例如，在银行间进行支付、结算、清算的系统就可以采用联盟链的形式

资料来源：根据相关资料整理。

考虑到征纳主体的不同地位和税收征管性质的安全保密等要求，当区块链系统的相关主体同时涉及税务机关和纳税人以及其他机构的时候，显然公有链并不是税收征管所适用的区块链类型，私有链才是税收征管适用的区块链类型。只有在区块链系统只涉及税务机关内部各级单位的情况下，才可能建立税收征管的公有链。同时，在涉及税务机关与其他政府部门等多主体的情况下，联盟链也是税收征管中多部门进行信息交换的可能应用方向。

综合来看，在区块链的热潮下，我们需要更为审慎地看待区块链技术可能给税收征管带来的应用价值。对于区块链技术的诸多优点，也需要结合税收征管的实际需要来判定其适用性，而不是一味地为了应用新技术。

四、税收征管应用区块链的推进领域和途径

区块链的"不可能三角"理论表明，我们不能期望在税收征管中应用区块链技术时能够实现其所有优点，而是需要在区块链技术的优点之间做出取舍。尤其是需要基于税收征管自身特点和促进纳税人遵从及提高税收征管效率的目的，合理权衡税收征管区块链系统的安全性、稳定性、私密性、经济性、拓展性等多方面要求的关系。基于上述思路，区块链技术在税收征管领域中的应用方向和逐步推进的可能路径如下。

（一） 基于实际合理选择税收征管区块链系统的应用模式

在现行税收征管信息化系统的基础上合理应用区块链技术是未来发展的方向。从区块链自身在数据存储上的局限性看，并不是要完全废除现行税收征管中的传统数据库技术，而是要通过运用区块链技术更好地去运用现行税收数据库。同时，从政府管理信息和数据安全的角度来看，由税务等征管机构来管理税收数据也是必要的。因此，税收征管并不一定要完全实现"去中心化"。税收征管中的区块链应用应该是采用私有链的类型，并积极运用区块链的优点实现"部分去中心化"，即在一定程度上的去中心化下，更好地应用区块链的特点。

在目前国税地税合并的前提下，应结合税收征管信息系统的整合，逐步探索区块链技术的可能应用。本章认为，直接构建包括税务机关与纳税人等主体在内的税收征管区块链系统难以成立，应以各级税务部门的税收征管信息系统作为节点，构建税收征管的"私有区块链"。这可以在充分利用现有税收信息数据库的同时，吸收区块链技术的优点，通过多中心的节点来缓解数据存储和避免数据篡改等问题。同时，运用联盟链技术模式，如区块链电子底账系统，使税务机关的"私有链"平台能够与纳税人的私有链对接起来，从而有助于更好地掌握纳税人的涉税信息；还可以与其他部门的区块链（或数据库）之间对接，破除部门间的"信息孤岛"问题，建立部门协税护税系统。

（二） 积极在部分地区和发票管理等征管领域探索运用区块链技术

目前区块链技术在税收征管中应用的难度在于：一是区块链技术本身还处于不断地发展之中，技术自身和应用还远没有达到完善的地步；二是当新的信息技术与税收领域结合起来的时候，还缺乏大量同时具备两方面专业知识的人员。因此，有必要基于税收信息化战略的基本方向，制定税收征管运用区块链技术的总体战略和相关规划。考虑到全国范围内的改革风险较大，建议允许和鼓励具备条件的地方在部分税收征管领域积极探索和试点运用区块链技术。

在现行区块链技术下，结合税收征管的国内外实践经验，发票管理、税款扣缴和纳税信用等税收领域可能是运用区块链技术的突破口。从国内看，2018 年 8 月 10

日，全国首张区块链电子发票已经在深圳落地，深圳国贸旋转餐厅开出了全国首张区块链电子发票。① 国家税务总局深圳市税务局也发布了《关于推行通过区块链系统开具的电子普通发票有关问题的公告》，提出将在全市范围内逐步开展区块链电子普通发票的试点推广工作，并选取了餐饮业、停车场、小型商贸、加工修理修配等行业的部分纳税人进行推广，后期适时将其他行业纳税人纳入区块链电子普通发票的试点范围。2018 年 8 月 17 日，京东集团与中国太平洋保险集团联合宣布全国首个利用区块链技术实现增值税专用发票电子化项目正式上线运行。② 这表明，国内税收征管应用区块链技术已经有了很好的开端。同时，通过税务机关与具备区块链技术条件的企业合作试点区块链技术的应用也是一种有效的方式，有助于获取相关经验和教训，为税收征管更大领域和更有效地推广区块链技术奠定基础。

参考文献

[1] 曹明星，蒋安琦，刘奇超. 区块链技术在税收领域的应用：功能补拓、实践观照与问题前瞻 [J]. 国际税收，2018 (5).

[2] 杜莉，郑毓文. 应用区块链技术推动我国增值税征管创新：机制分析和方案设计 [J]. 税务研究，2018 (6).

[3] 贾宜正，章茋今. 区块链技术在税收治理中的机遇与挑战 [J]. 会计之友，2018 (4).

[4] 杰弗里·欧文斯. 区块链技术的前瞻及在税收领域的应用前景分析 [J]. 何振华，王思凡，曾娴鸣译. 国际税收，2017 (9).

[5] 李启明，胡浩青. 区块链技术的能力局限与应对措施 [J]. 清华金融评论，2017 (12).

[6] 聂欧，刘秋娜. 区块链新图景 [J]. 财经国家周刊，2018 (16).

[7] 于富霞，易岚. 税务部门应用区块链的前景 [J]. 税收研究资料，2018 (3).

[8] Ahmed, S., & Broek, N. t.. Food Supply：Blockchain could Boost Food Security [J]. Nature, 2017, 550 (7674)：43.

[9] Ainsworth, Richard T., Musaad Alwohaibi, Michael Cheetham, Camille V.

---

① 全国首张区块链电子发票在深圳落地 [EB/OL]. 中国新闻网，2018 - 08 - 10.
② 京东联合中国太保推出全国首个区块链专用发票电子化项目 [EB/OL]. 国际在线，2018 - 08 - 17.

Tirand. A Vatcoin Proposal Following On The 2017 Eu Vat Proposals – Mtic, Vatcoin, And Blockchain. Boston University School of Law Law & Economics Series Paper No. 18 – 09, 2018.

［10］Ainsworth, Richard T. , Musaad Alwohaibi. Blockchain, Bitcoin, and VAT in the GCC: The Missing Trader Example. Boston University School of Law Law & Economics Working Paper, No. 17 – 05, 2017.

［11］Ainsworth, Richard T. , Ville Viitasaari. Payroll Tax & The Blockchain ［J］. Tax Notes International, March 13, 2017: 1007 – 1024.

［12］Flynn C. . Preparing for Digital Taxation in a Blockchain World ［EB/OL］. https://www. bna. com/preparing-digital-taxation-n73014447764/, 2016.

［13］Government Office for Science. Distributed Ledger Technology: Beyond Block Chain ［EB/OL］. https://www. gov. uk/government/uploads/system/uploads/attach-ment_data/file/492972/gs-16-1-distributed-ledger-technology. pdf, 2016.

［14］Ishmaev, G. . Blockchain Technology as an Institution of Property ［J］. Metaphilosophy, 2017, 48（5）, 666 – 686.

［15］Miller, P. , James Seddon. Tax and Blockchain ［EB/OL］. https://www. ashurst. com/en/news-and-insights/insights/tax-and-blockchain/, 2017 – 12 – 05.

［16］Nakamoto, S. . Bitcoin: A Peer – to – peer Electronic Cash System ［EB/OL］. https://bitcoin. org/bitcoin. pdf, 2008.

［17］PwC. How Blockchain Technology could Improve the Tax System ［EB/OL］. http://pdf. pwc. co. uk/how-blockchain-could-improve-the-tax-system. pdf, 2016.

［18］Steveni J. , Smith P. . Blockchain-will it Revolutionize Tax? ［EB/OL］. PWC Tax Blog, http://pwc. blogs. com/tax/2016/07/blockchain-will-it-revolutionise-tax. html, 2016 – 07 – 01.

［19］Vishnevsky, Valentine P. , Viktoriia D. Chekina. Robot vs. Tax Inspector or How the Fourth Industrial Revolution will Change the Tax System: A Review of Problems and Solutions ［J］. Journal of Tax Reform, 2018, 4（1）: 6 – 26.

［20］Young, J. . Sweden Officially Started Using Blockchain to Register Land and Properties ［EB/OL］. https://cointelegraph. com/news/sweden-officially-started-using-blockchain-to-register-land-and-properties, 2017 – 07 – 06.

第八章

财政收入预测方法综述与案例

财政收入作为政府通过提供公共产品和服务以履行其管理职能的主要资金来源，决定了政府在社会经济活动中可提供公共产品和服务的范围和数量。财政收入预测是现代财政管理的重要环节。财政收入预测是指在各种数量模型与预测方法的基础上，基于历史财政收入或其他相关数据（如GDP及增速、投资、价格、就业、产业结构等），对财政收入的规模、结构、变化趋势及其对经济发展的影响作出预测。其根据预测范围可分为全国与地方财政收入预测，根据预测期限可分为近期、中期、长期财政收入预测，根据预测目标可分为定量与定性财政收入预测。财政收入预测对于制定合理的财政政策、有效的财政计划具有重要作用，有利于增强财政决策的科学性，更好地指导财政预算执行。

一、财政收入预测方法综述

安秀梅和肖尧（2017）总结了关于经济变量的预测范式，主要有以下两种：一是回归预测，即根据相关经济理论找出影响经济变量的因素并从中选择若干因素作为自变量，然后采用样本数据估计回归参数，将自变量的预测值代入模型对被解释变量进行预测；二是时间序列预测，即根据经济变量过去和现在的数据序列自身所反映出来的变化规律和趋势，建立数学模型，采用类推或延伸的方法预测经济变量未来发展水平的预测方法。纵观近几年的国内研究，财政收入预测多采用以下几类模型。

第一，自回归单整移动平均（ARIMA）模型。任爽和崔海波（2021）加入了对季节因素的分析和处理，采用季节性自回归移动平均模型（SARIMA）对贵州省2016～2019年的税收月度收入进行了预测研究。侯甜甜等（2020）以2009年1月至2018年7月中国财政收入月度数据为基础，通过ARIMA模型和马氏链模型分别对中国财政收入进行预测，分析ARIMA模型和马氏链模型预测的优缺点。王华春和刘清杰（2017）以我国1950～2015年财政收入为数据来源，利用ARIMA模型进行财政收入预测，通过2010～2015年五年财政收入数据为样本检验预测结果，以验证ARIMA模型预测的可靠性，并对2016～2020年财政收入增长趋势进行动态预测。陈世杰等（2016）在对"克强指数"和煤炭价格与内蒙古经济的关系进行分析的基础上，利用ARIMA模型预测财政收入。

第二，灰色预测模型。连强（2020）将灰色GM（1，1）模型与数理统计中传统的多元线性回归模型相结合，建立了多因素灰色预测模型，其优点是不仅考虑了影响事物发展的多个因素，而且能提高预测精度，从而增加预测结果的可靠性。徐子卿（2019）以贵州省1995～2017年的地方财政一般预算收入及其他相关经济指标数据为样本，通过适应性套索（Adaptive Lasso）变量选择模型来分析影响贵州省地方财政收入的关键因素，再用灰色预测模型筛选出各指标2018～2019年的值，最后建立BP神经网络模型[①]预测2018～2019年贵州省地方财政一般预算收入。舒服华和张新贵（2019）认为传统GM（1，1）模型对长时间序列预测不理想，而等维新息GM（1，1）模型减少了样本容量，加强了信息的更替，可较好地解决长时间序列的预测问题。他运用小波变换和灰色DGM（2，1）模型相结合的方法预测我国的税收收入，小波变换可以去除原始信号中的噪声，而灰色DGM（2，1）模型适合波动时间序列的预测。赵海华（2016）利用无偏GM（1，1）模型拟合财政收入影响因素的原始数据，以提高信息质量，然后利用径向基（RBF）神经网络良好的非线性预测性能，建立基于灰色RBF神经网络的多因素财政收入预测模型。

第三，神经网络模型。陈通和周晓辉（2019）将当前财政收入组合预测方法——三层神经网络结构和深层学习思想相结合，提出了一种基于BP神经网络的深层神经网络预测模型——四层神经网络结构。蒋锋等（2018）认为地方财政收入

---

① 反向传播（back propagation，BP）神经网络对非线性关系具有非常强的拟合能力，可充分逼近任何繁杂的非线性关系，其预测精度较高。

的影响因素众多，并且一些影响因素之间存在多重共线性问题，首先采用 Lasso 方法筛选影响地方财政收入的主要指标，然后在变量选择的基础上，用广义回归（GRNN）神经网络模型来拟合地方财政收入与各主要影响因素之间的非线性关系，最后用训练好的 Lasso – GRNN 神经网络模型预测地方财政收入。

二、财政收入预测使用数据

本部分基于前人研究文献分别整理了全国与个别省市财政收入预测中所使用的数据及其来源。具体如表 8 – 1 和表 8 – 2 所示。

表 8 –1　　　　　　　　　全国财政收入预测使用数据

财政收入指标	外生因素	数据来源	预测模型	参考文献
财政收入月度数据		中国知网数据库	ARIMA 模型、马氏链模型	侯甜甜等（2020）
财政收入季度数据		国家统计局网站	ARIMA 乘积季节模型	蒋泽迪和程毛林（2018）
财政收入取对数		《中国财政年鉴》公布的财政预决算收入数据、财政部披露的公共财政收入决算数据	自回归移动平均模型、ARIMA 模型	王华春和刘清杰（2017）
财政收入取对数	全社会固定资产投资总额	未提供	灰色 RBF 神经网络的多因素财政收入预测模型	赵海华（2016）
	农林牧渔业总产值			
	规模以上工业资产总计			
	建筑业总产值			
	社会消费品零售总额			
	进出口总额			
	国内生产总值			

续表

财政收入指标	外生因素	数据来源	预测模型	参考文献
对数化后的财政收入序列、财政收入同比增速		中经网数据库	ESTAR模型	谢姗和汪卢俊（2015）
	国内生产总值	《中国统计年鉴》	指数平滑模型、岭回归模型、SVM预测模型、组合预测方法	孙元和吕宁（2007）
	全社会固定资产投资总额			
	工业企业实现利润			
	全社会消费品零售总额			
	职工工资			
	储蓄额			
	建筑业产值			
	第二产业总产值			
	第三产业总产值			
	出口额			
	进口额			
	工业总产值			
	批发零售业务总额			

表 8-2　　　　　　　　个别省市财政收入预测使用数据

财政收入指标	外生因素	数据来源	预测模型	参考文献
河南省财政收入	生产总值	《河南统计年鉴》、河南省政府工作报告	结合灰色GM（1,1）模型和多元线性回归模型的多因素灰色预测模型	连强（2020）
	税收收入			
	工业增加值			
	社会固定资产投资			
	工业投资			
	社会消费品零售总额			
	进出口总额			

财政收入指标	外生因素	数据来源	预测模型	参考文献
贵州省地方财政一般预算收入	全社会固定资产投资总额	《贵州统计年鉴》、国家统计局官方网站	灰色神经网络预测组合模型	徐子卿（2019）
	地区生产总值			
	居民消费水平			
	第三产业与第二产业产值比			
	居民消费价格指数			
	社会消费品零售总额			
	年末总人口			
	就业人口			
	城镇居民人居可支配收入			
	城镇居民人均消费性支出			
	工业增加值			
	国内旅游收入			
西安市财政收入		未提供	基于 BP 神经网络的深层感知器预测模型、DMLP 模型	陈通和周晓辉（2019）
北京市财政收入	生产总值	EPS 数据平台中国宏观经济数据库、《北京统计年鉴》	主成分回归预测、时间序列预测、组合预测模型	安秀梅和肖尧（2017）
	常住人口数			
	社会劳动生产率			
	科技活动人员数			
	全社会固定资产投资总额			
	社会消费品零售总额			
	进出口总额			
	税收收入			
	第二产业增加值			
	第三产业增加值			
财政收入的自然对数	生产总值的自然对数	《黑龙江统计年鉴》	VAR 预测模型	景宏军和王李存（2015）
		《湖南统计年鉴》		李娣（2012）

三、案例：从旅游业看新冠肺炎疫情对我国税收收入的影响

（一）预测框架及模型设计

1. 预测框架

以旅游业为例，新冠肺炎疫情对我国税收收入的影响机制如下：疫情直接导致旅游业相关行业（具体包括旅游出行、住宿、餐饮、游览）需求萎缩，因各行业间具有相互影响的联动作用，旅游业相关行业需求的直接下降又带来国民经济各行业增加值不同程度的间接缩减，从而导致国民经济各行业税收收入的减少，具体如图 8-1 所示。

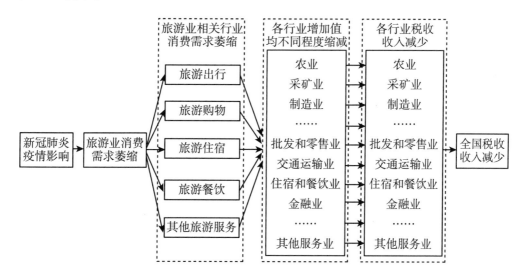

图 8-1 新冠肺炎疫情影响税收收入的作用机制

2. 预测模型设计

这里利用投入产出（I-O）模型，基于对我国国民经济各行业之间的投入与使用联系的分析，量化旅游业需求缩减对国民经济整体及各行业增加值的影响程度和规模，进而测算新冠肺炎疫情因冲击旅游业而对税收收入总量和结构产生的影响。

第一，投入产出表。投入产出表，也称行业①联系平衡表，以行业分类为基础，以矩阵的形式反映国民经济各行业的投入来源与产出去向，以及行业之间相互提供或消耗产品的联系和平衡关系。投入产出表的基本结构如表 8 - 3 所示。

表 8 - 3　　　　　　　　投入产出表的基本结构

投入		中间使用				最终使用			总产出
		行业 1	行业 2	行业 j	行业 n	消费	资本形成	出口	
中间投入	行业 1	第 1 象限（$X_{i,j}$）				第 2 象限（Y_i）			X_i
	行业 2								
	行业 i								
	行业 n								
初始投入	固定资产折旧	第 3 象限（V_j）				第 4 象限			
	从业人员报酬								
	生产税净额								
	营业盈余								
总投入		X_j							

注：最终使用即为最终需求，表现为最终产品；初始投入，表现为增加值。

在表 8 - 3 中，各行业的总产出用于两个方面：一方面作为生产其他产品的中间使用；另一方面作为最终使用，即最终需求。其中，中间使用包括被用作本行业的中间使用以及被用作其他行业的中间使用。各行业的总投入分为初始投入和中间投入，中间投入包括行业自身和行业间的投入情况。表 8 - 3 中的每行表示每个行业的产出在中间使用与最终使用之间的分配情况，每列表示每个行业生产过程中对各行业产品的中间投入和初始投入的情况。

第二，投入产出模型。投入产出模型是基于投入产出表的一般均衡分析工具，其运用线性代数工具建立数学模型，展现国民经济各行业及再生产各环节之间的内在联系，并据此进行经济分析、预测以及编制规划等。利用该模型可以分析国民经济中各行业之间产品投入与使用的关系、最终需求与初始投入之间的关系等。

投入产出模型中的生产函数为列昂惕夫（Leontief）函数，该函数假定生产是线

① 严格来讲，投入产出表为部门联系平衡表，部门分类与行业分类有细微差异，本章为保持用语的一致性，统一以"行业"替代"部门"。

性的，即各种投入占总产出的比例视为常数。这意味着，投入增加 Ω 倍，产出也将扩大 Ω 倍。因此，基本的投入产出模型可被表示为线性方程。

假设：X_i 为 i 行业的总产出，$X_{i,j}$ 为 j 行业用于 i 行业的投入，Y_i 为 i 行业的最终需求（最终使用），$i,\ j = 1,\ 2,\ \cdots,\ n$。

则：

$$X_i = Y_i + \sum_{j=1}^{n} X_{i,j}$$

假设：$a_{i,j} = X_{i,j}/X_j$，$a_{i,j}$ 表示 j 行业的单位总产出对 i 行业产品的消耗量，即直接消耗系数。

则：

$$Y_i = X_i - \sum_{j=1}^{n} a_{i,j} \times X_j$$

这意味着某行业的总产出减去各行业用于该行业的中间投入等于该行业的最终需求。

则：

$$Y = X - AX = (I - A)\ X$$

从而：

$$X = (I - A)^{-1}Y = CY \tag{8.1}$$

其中，A 为 $a_{i,j}$ 的矩阵，即 $n \times n$ 阶直接消耗系数矩阵；X 为 $n \times 1$ 阶总产出列向量；Y 为 $n \times 1$ 阶最终需求列向量；I 为单位矩阵。在投入产出模型中，$(I - A)$ 被称为列昂惕夫矩阵，它是可逆矩阵。

式（8.1）就是投入产出分析的核心模型——行模型，又称为需求拉动模型。$C = (I - A)^{-1}$ 被称为列昂惕夫逆矩阵（完全需求系数矩阵）。利用该模型，可以由 Y（最终需求）推出 X（总产出），因为 A 是参数矩阵，所以如下公式也成立：

$$\Delta X = (I - A)^{-1}\Delta Y = C\Delta Y \tag{8.2}$$

其中，ΔY、ΔX 分别表示 Y 的变动值和相应的 X 的变动值。通过式（8.2），可根据 Y（最终需求）的变动来预测 X（总产出）的变化。

现假定受新冠肺炎疫情影响，我国 2020 年旅游业需求相比疫情未发生时的预期需求 Y 的缩减幅度为 a，即旅游业需求缩减规模为 $\Delta Y = aY$。则受疫情影响的国民经济各行业的总产出变化为：$\Delta X = C \times \Delta Y$。

假设：A_V 为 $1 \times n$ 阶增加值系数矩阵，其元素表示各行业的单位总产出需要的初始投入（增加值）总量。

则受疫情影响的各行业增加值变化为：

$$\Delta V = A_V \times \Delta X = A_V \times (I - A)^{-1} \times \Delta Y = D \times \Delta Y \qquad (8.3)$$

其中，$D = A_V \times (I - A)^{-1}$，为 $n \times n$ 阶完全需求—增加值系数矩阵。

假设：A_T 为 $n \times 1$ 阶行业税负矩阵，其元素表示各行业的税负。

则受疫情影响的各行业税收减收规模为：

$$\Delta T = A_T \times \Delta V = A_T \times D \times \Delta Y \qquad (8.4)$$

其中，ΔY 为外生变量（即受疫情影响的旅游业需求变化）；A_T、D 为参数；ΔT 为内生变量，即因疫情对旅游业需求的直接影响而导致的各行业税收收入变化。

各行业税收减收规模（ΔT_i）之和为我国受疫情影响的税收减收规模（T）：

$$T = \sum \Delta T_i \qquad (8.5)$$

（二）数据准备

影响旅游业税收收入减收幅度和规模的主要因素包括旅游业需求变化规模、旅游业产业结构、完全需求—增加值系数（D）、分行业税负等。

1. 旅游业需求变化预测

如前文所述，受新冠肺炎疫情影响，旅游业需求大幅缩减已是共识，相较于疫情前的预期值，缩减幅度基本为 20%~30%（戴斌，2020；游静等，2020）。因此，本章利用相关学者的测算结果，即假定旅游业需求相比疫情未发生时预期需求的缩减幅度为 20%~30%，以此测算各行业税收收入的减收规模。

2. 旅游业增加值及结构

根据国家统计局公布数据可获得 2013~2018 年的旅游业增加值及其增速，[①] 据

[①] 旅游及相关产业增加值数据并非国民经济运行必须公布数据，如 2015 年数据并未公布，本章使用数据为根据 2016 年数据推算而得。同时，旅游及相关产业增加值核算需统筹使用全国经济普查、国民经济核算和旅游及相关产业消费结构调查等数据，因此其公布时间偏晚，目前最新数据为国家统计局 2020 年 1 月 19 日公布的 2018 年旅游及相关产业增加值数据。

此计算得到2014～2018年旅游业年均增速为10.9%，并将其作为疫情未发生条件下2019年、2020年的增速，从而预测得到2019年旅游业增加值为46015亿元；疫情未发生条件下，2020年旅游业的预期增加值为51047亿元，具体如图8－2所示。

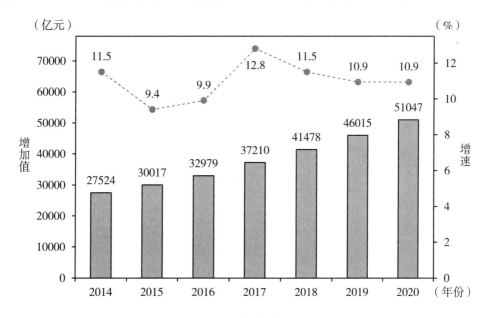

图8－2　2014～2020年旅游业增加值及增速

注：2019年、2020年均为预测值。

资料来源：（1）国家统计局.2018年全国旅游及相关产业增加值41478亿元［EB/OL］. http：//www. stats. gov. cn/tjsj/zxfb. /202001/t20200119_1723659. html，2020－01－19.

（2）国家统计局.2017年全国旅游及相关产业增加值占国内生产总值的比重为4.53%［EB/OL］. http：//www. stats. gov. cn/tjsj/zxfb/201901/t20190118_1645545. html，2019－01－18.

（3）国家统计局.2016年国家旅游及相关产业增加值占国内生产总值的比重为4.44%［EB/OL］. http：//www. stats. gov. cn/tjsj/zxfb/201801/t20180105_1569928. html，2018－01－05.

（4）国家统计局.2014年全国旅游及相关产业增加值占国内生产总值的比重为4.33%［EB/OL］. http：//www. stats. gov. cn/tjsj/zxfb/201512/t20151217_1291380. html，2015－12－17.

　　旅游业产业结构数据同样通过国家统计局公布数据获得。[①] 因旅游消费具有综合性、广泛性、混合性特点，结构变动有"粘性"，故本章假设2020年各旅游及相关产业增加值占比等于2016～2018年占比均值，具体如表8－4所示。从表8－4可以看出，旅游购物占比最高（32.0%），旅游出行次之（27.2%），第三为旅游餐饮

---

① 国家统计局未公布2016年旅游及相关产业结构数据，本章使用的2016年数据为通过2017年数据推算而得。

（13.7%），旅游综合服务占比最低（1.5%）。

表 8 - 4　　　　　2016～2018 年旅游业产业结构　　　　单位：%

产业结构	2016 年	2017 年	2018 年	均值（2020 年）
旅游出行	27.1	27.7	26.9	27.2
旅游住宿	8.3	8.0	7.9	8.0
旅游餐饮	13.6	13.9	13.6	13.7
旅游购物	32.5	32.0	31.4	32.0
旅游游览	5.3	5.2	4.9	5.1
旅游娱乐	3.9	4.1	4.0	4.0
旅游综合服务	1.3	1.3	1.7	1.5
旅游相关产业	8.0	7.8	9.6	8.5
合计	100.0	100.0	100.0	100.0

注：2020 年各旅游及相关产业增加值占比假设等于 2016～2018 年占比均值。

资料来源：（1）国家统计局. 2018 年全国旅游及相关产业增加值 41478 亿元［EB/OL］. http：//www. stats. gov. cn/tjsj/zxfb. /202001/t20200119_1723659. html，2020 - 01 - 19.

（2）国家统计局. 2017 年全国旅游及相关产业增加值占国内生产总值的比重为 4.53%［EB/OL］. http：//www. stats. gov. cn/tjsj/zxfb/201901/t20190118_1645545. html，2019 - 01 - 18.

（3）国家统计局. 2016 年国家旅游及相关产业增加值占国内生产总值的比重为 4.44%［EB/OL］. http：//www. stats. gov. cn/tjsj/zxfb/201801/t20180105_1569928. html，2018 - 01 - 05.

（4）国家统计局. 2014 年全国旅游及相关产业增加值占国内生产总值的比重为 4.33%［EB/OL］. http：//www. stats. gov. cn/tjsj/zxfb/201512/t20151217_1291380. html，2015 - 12 - 17.

3. 完全需求—增加值系数（D）

本章主要利用投入产出模型进行测算，相应的基础数据来自投入产出表，目前最新的投入产出表为 2019 年 9 月国家统计局公布的 2017 年国民经济 149 行业投入产出表[1]。以此表为基础，基于各行业与旅游业关联度大小，将 149 行业的投入产出表合并为 12 行业[2]表，据此计算直接消耗系数（A）、完全需求系数（C）和增加值系数（A_V），进而对 2020 年各行业的最终需求与增加值之间的关系进行测算。则完全需求—增加值系数（D）矩阵为：

$$D = [d_{i,j}]_{12 \times 12} = A_V \times (I-A)^{-1} = A_V \times C = [a_{v,i} c_{i,j}]_{12 \times 12}$$

---

[1]　国家统计局. 2017 年全国投入产出表［EB/OL］. https：//data. stats. gov. cn/ifnormal. htm？u =/files/html/quickSearch/trcc/trcc01. html&h = 740，2020 - 07 - 31.

[2]　12 行业依次为：农林牧渔业，采矿业，制造业，电力、热力、燃气及水生产和供应业，建筑业，批发和零售业，交通运输、仓储和邮政业，住宿和餐饮业，金融业，房地产业，租赁和商务服务业，其他服务业。

其中，D 的元素 $d_{i,j}$ 表示 j 行业的最终需求为 1 单位时 i 行业的增加值，第 i 列元素表示当 i 行业最终需求为 1 单位时各行业的增加值；A_v 的元素 $a_{v,i} = V_i \div X_i$，表示 i 行业的单位总产出需要的（初始投入）增加值总量，V_i 为 i 行业的初始投入（增加值）；C 的元素 $c_{i,j}$ 表示 j 行业的最终需求为 1 单位时 i 行业的总产出；i，$j =$ 1，2，…，12。

矩阵 D 的各列元素之和均等于 1，即当某行业最终需求为 1 个单位时，国民经济的增加值也为 1 个单位，且此时该行业增加值最大，即矩阵 D 对角线上元素的值为该元素所在列的最大值。

4. 分行业税负

与 12 行业投入产出表相对应，本章基于《中国统计年鉴》《中国税务年鉴》中分行业增加值及税收收入数据，计算出 2016～2018 年 12 行业税负（税收收入/增加值），并假设 2020 年国民经济 12 行业税负相对不变，与 2016～2018 年税负均值保持一致（见表 8-5）。

表 8-5　　　　　　　　2016～2018 年分行业税负　　　　　　　　单位：%

序号	行　　业	2016 年	2017 年	2018 年	均值（2020 年）
1	农林牧渔业	0.4	0.3	0.3	0.3
2	采矿业	15.9	23.4	23.9	21.0
3	制造业	21.0	21.5	21.4	21.3
4	电力、热力、燃气及水生产和供应业	28.4	22.5	19.8	23.5
5	建筑业	17.4	13.9	13.7	15.0
6	批发和零售业	25.2	27.3	26.8	26.4
7	交通运输、仓储和邮政业	8.4	8.3	8.8	8.5
8	住宿和餐饮业	5.0	4.0	3.8	4.2
9	金融业	29.2	26.1	25.1	26.8
10	房地产业	38.9	38.7	37.9	38.5
11	租赁和商务服务业	34.6	34.7	28.0	32.4
12	其他服务业	9.4	8.6	8.3	8.8

注：假设 2020 年税负等于 2016～2018 年税负均值。

资料来源：根据 2019 年《中国统计年鉴》、2017～2019 年《中国税务年鉴》及国家统计局公开数据整理。其中，2018 年采矿业及电力、热力、燃气及水生产和供应业的增加值暂未公布，所用数据为根据增加值差额及比重计算的预测值。

（三）预测结果

1. 情景假设

由于旅游业自身的"消费性"特点，以及新冠肺炎疫情冲击主要体现在短期终端消费方面，本章认为疫情带来旅游业增加值的缩减全部体现在最终消费支出上。如前文所述，若未发生疫情，2020 年我国旅游业增加值预计为 51047 亿元，但疫情或将导致我国旅游业增加值比疫情前预测值缩减 20%～30%。为此，本章假设以下两种情景。

情景 1　旅游业消费需求缩减 20%，即疫情导致我国旅游业增加值缩减 10209.4 亿元，也就是旅游业最终消费需求缩减 10209.4 亿元。

情景 2　旅游业消费需求缩减 30%，即疫情导致我国旅游业增加值缩减 15314.2 亿元，也就是旅游业最终消费需求缩减 15314.2 亿元。

2. 测算过程及结果

测算过程如下。首先，测算在不同情景下新冠肺炎疫情对各类旅游服务最终消费需求的直接冲击情况，即依据前述旅游业的产业结构（见表 8－4）及与国民经济 12 行业的对应关系，[①] 测算各类旅游服务的最终消费需求缩减规模；然后，测算疫情对国民经济 12 行业增加值的间接影响，即基于各类旅游服务的最终消费需求缩减规模数据，利用完全需求—增加值系数（D），测算 12 行业增加值的变动规模；最后，测算疫情对国民经济 12 行业税收收入的总体影响，即基于 12 行业增加值的变动规模数据，利用式（8.4）测算各行业税收收入变动情况，并进行加总，即式（8.5）。

情景 1 和情景 2 的预测结果如表 8－6 所示，可知旅游业因受疫情影响对各行业增加值也造成了不同程度的缩减。受影响最大的行业分别为：批发和零售业（2612.7 亿～3919.1 亿元），交通运输、仓储和邮政业（1774.4 亿～2661.6 亿元），其他服务业（1423.3 亿～2134.9 亿元）；受影响最小的三个行业分别为：采矿业

---

① 本章将各类旅游服务与 12 行业投入产出表进行对应。其中，旅游购物对应批发和零售业（行业 6），旅游出行对应交通运输、仓储和邮政业（行业 7），旅游住宿和旅游餐饮对应住宿和餐饮业（行业 8），其他旅游服务对应其他服务业（行业 12）。

（251.6 亿 ~ 377.5 亿元），电力、热力、燃气及水生产和供应业（175.3 亿 ~ 263.0
亿元），建筑业（9.9 亿 ~ 14.9 亿元）。

表 8 - 6　　　　　　　　　情景 1、情景 2 测算结果

行业	所对应的旅游服务行业	对旅游业最终消费需求的直接冲击（亿元）	对增加值的间接影响（亿元）	行业税负（%）	对税收收入的影响（亿元）
农林牧渔业			428.1 ~ 642.1	0.3	1.3 ~ 1.9
采矿业			251.6 ~ 377.5	21.0	53.0 ~ 79.5
制造业			1305.3 ~ 1957.9	21.3	278.0 ~ 417.1
电力、热力、燃气及水生产和供应业			175.3 ~ 263.0	23.5	41.3 ~ 61.9
建筑业			9.9 ~ 14.9	15.0	1.5 ~ 2.2
批发和零售业	旅游购物	3267.0 ~ 4900.5	2612.7 ~ 3919.1	26.4	689.6 ~ 1034.4
交通运输、仓储和邮政业	旅游出行	2777.0 ~ 4165.5	1774.4 ~ 2661.6	8.5	150.6 ~ 225.9
住宿和餐饮业	旅游住宿、旅游餐饮	2215.4 ~ 3323.2	903.1 ~ 1354.7	4.2	38.3 ~ 57.5
金融业			583.8 ~ 875.7	26.8	156.4 ~ 234.6
房地产业			441.8 ~ 662.7	38.5	170.0 ~ 255.1
租赁和商务服务业			300.1 ~ 450.1	32.4	97.3 ~ 145.9
其他服务业	旅游游览、旅游娱乐、旅游综合服务以及旅游相关产业	1950.0 ~ 2925.0	1423.3 ~ 2134.9	8.8	124.9 ~ 187.3
合计		10209.4 ~ 15314.2	10209.4 ~ 15314.2		1802.2 ~ 2703.3

注：每个数值区间最小值即为情景 1 结果，最大值即为情景 2 结果。

　　在情景 1 和情景 2 中，因疫情冲击旅游业导致我国税收收入减收规模为 1802.2
亿 ~ 2703.3 亿元。其中，税收减收规模最大的三个行业分别为批发和零售业
（689.6 亿 ~ 1034.4 亿元）、制造业（278.0 亿 ~ 417.1 亿元）、房地产业（170.0 亿 ~
255.1 亿元），税收减收规模最小的三个行业分别为住宿和餐饮业（38.3 亿 ~ 57.5

亿元)、建筑业(1.5 亿 ~ 2.2 亿元)、农林牧渔业(1.3 亿 ~ 1.9 亿元)。

(四) 研究结论

从上述预测结果中可以看出,如果新冠肺炎疫情造成我国 2020 年旅游业增加值相比疫情未发生时缩减 20% ~ 30% (10209.4 亿 ~ 15314.2 亿元),则我国税收收入减收规模为 1802.2 亿 ~ 2703.3 亿元,相当于 2019 年全部税收收入的 1.1% ~ 1.7%,但这仅仅是因疫情冲击旅游业而带来的税收减收,如果再考虑疫情对其他消费需求(典型如餐饮、娱乐等)和投资的冲击,则税收收入减收规模必然会数倍于上述规模。

疫情冲击旅游业的背后,是对国民经济各行业的间接影响,相应会导致各行业税收收入的下降。各行业税收减收规模受其与旅游业的产业关联度大小、本行业税负和本行业增加值规模影响。经测算,受疫情对旅游业的影响,税收收入减收规模最大的三个行业分别为批发和零售业、制造业、房地产业,且第三产业税收收入总体受到较大影响;税收收入减收规模最小的三个行业分别为住宿和餐饮业、建筑业、农林牧渔业。

参考文献

[1] 安秀梅,肖尧. 跨年度财政收支预测方法研究——以北京市财政收入预测为例 [J]. 经济研究参考,2017 (50): 40 - 49.

[2] 陈世杰,周利光,谭明达,梁斌. 内蒙古"十三五"期间财政收入预测——基于煤炭价格与克强指数比较分析 [J]. 地方财政研究,2016 (6): 58 - 61.

[3] 陈通,周晓辉. 基于 BP 神经网络的深层感知器预测模型 [J]. 计算机与数字工程,2019,47 (12): 2978 - 2981 + 3009.

[4] 侯甜甜,杨丛,詹炳欢. 基于 ARIMA 和马氏链模型的中国财政收入预测 [J]. 平顶山学院学报,2020,35 (2): 6 - 11 + 42.

[5] 蒋锋,张婷,周琰玲. 基于 Lasso-GRNN 神经网络模型的地方财政收入预测 [J]. 统计与决策,2018,34 (19): 91 - 94.

[6] 蒋泽迪,程毛林. ARIMA 乘积季节模型在财政收入预测中的应用 [J]. 苏州科技大学学报(自然科学版),2018,35 (1): 28 - 32.

［7］景宏军，王李存. 基于 VAR 模型的地方财政收入的动态预测和结构分析——以黑龙江省为例［J］. 财会研究，2015（3）：5-9.

［8］李娣. 湖南财政收入预测模型及实证分析——基于 VAR 预测模型［J］. 经济研究参考，2012（65）：26-31.

［9］连强. 基于多因素灰色模型的河南省财政收入预测［J］. 中国市场，2020（22）：34-36.

［10］任爽、崔海波. SARIMA 时序分析在税收预测中的应用——以贵州省为例［J］. 湖北大学学报（自然科学版），2021，43（1）：80-85.

［11］舒服华，张新贵. 小波变换-DGM（2，1）预测全国税收收入［J］. 税收研究，2019，40（2）：87-99.

［12］孙元，吕宁. 地方财政一般预算收入预测模型及实证分析［J］. 数量经济技术经济研究，2007（1）：38-45.

［13］王华春，刘清杰. 中国财政收支关系与预测实证研究——基于1950—2015年收支数据的格兰杰检验和 ARIMA 预测［J］. 地方财政研究，2017（3）：53-62.

［14］谢姗，汪卢俊. 中期预算框架下我国财政收入预测研究［J］. 财贸研究，2015，26（4）：64-70.

［15］徐子卿. 贵州省财政收入影响因素分析及预测［J］. 农村经济与科技，2019，30（6）：158-159.

［16］赵海华. 基于灰色 RBF 神经网络的多因素财政收入预测模型［J］. 统计与决策，2016（13）：79-81.

第九章

智能会计发展对财会监督的影响：
内涵、框架及对策

习近平总书记在十九届中央纪委四次全会上对财会监督进行了重新定位，将财会监督与审计监督、统计监督一并作为党和国家监督体系的重要组成部分，为财会监督赋予了新的内涵。在充满不确定性的当今社会，财会监督是对冲公共风险、构建经济社会发展确定性的基石。改进和加强财会监督，是坚持和完善党和国家监督体系、提升国家风险管控能力的题中应有之义（刘尚希，2020）。利用智能化手段强化财会监督成为我国现阶段经济社会发展的必然要求。大数据、云计算、人工智能、移动物联网、区块链等新兴技术的普及应用，对会计管理活动带来了巨大影响，会计与信息技术的不断融合，拓展了会计的研究领域和研究方法，也催生了学界和实务界对智能会计的探讨。在智能化环境下，会计的监督职能可以得到更加充分有效的发挥，并实现微观监督与宏观监管的有机统一。

一、智能会计及其宏观作用

（一）智能化环境与智能会计

智能技术的迅速发展，为生产生活方式带来了巨大变革，智能技术与各行各业的融合成为数字经济发展的重要驱动力。传统的研究认为，智能技术仅作为生产工具的革新手段，辅助经济社会的发展进步，而智能化环境论①摒弃了智能技术工具论的片面认识，认为智能技术的影响不是单纯的工具替代和工艺改进，强调智能资源空间、人的决策行为选择以及智能技术方法和工具的集合（杨周南，2020）。智能环境论强调人在智能资源空间的决策作用，是资源、决策与技术工具的有机结合。

在智能化环境下关于智能会计的定义讨论，尚未形成统一共识，但智能技术的变革实现会计系统的优化甚至再造已经在理论研究和实践应用领域得到广泛认可。目前关于智能会计（财务）的相关定义大体集中在如下视角（见表 9-1）。

表 9-1 智能会计（财务）主要定义视角

智能会计（财务）定义视角	主要内涵	作者及发表时间
软件平台视角	基于软件视角，认为智能财务是一个基于人工智能技术搭建的软件平台	韩向东和余红燕（2018）
管理系统视角	认为智能会计是满足经济与管理数据分析和决策的会计管理系统	王爱国（2020）
管理模式视角	认为智能财务是一种将业务活动流程、财务会计流程和管理会计流程等全流程融合的管理模式	刘勤和杨寅（2018）
应用场景视角	认为智能会计体现为战略层面、业务层面和数字化财务层面的应用场景	秦荣生（2020）
技术应用视角	认为智能财务主要是指人工智能等新兴信息技术在会计工作中的应用	刘梅玲等（2020）
发展过程视角	认为智能财务是在财务数字化转型与智能化应用过程中不断发展起来的新一代财务	张庆龙（2021）
管理活动视角	认为智能会计是一种经济管理活动	杨周南（2020）

研究人员从不同视角阐释了智能会计（财务）的创新，可以说，无论是从系统升级改造、应用场景创新视角，还是从管理模式更加科学有效的视角，智能技术的发展无疑给传统会计行业带来了颠覆性的改变。本章采用杨周南教授（2020）的观点，从会计的本质管理活动论出发，认为智能会计是以资源配置优

---

① 智能化环境论由杨周南教授在 2020 中国会计学会第十九届全国会计信息化学术年会主题报告《基于会计管理活动论的智能会计研究》中提出。

化为目标，以价值运动为管理对象，采用智能化技术和方法，实现对微观和宏观价值运动过程进行一体化反映和监督的经济管理活动。可见，智能会计不是智能技术与会计管理的简单整合，而是在智能化环境下实现对会计系统的重组和再造。智能会计就是在智能化环境下，围绕资源优化配置目标，以宏观和微观价值运动为对象，通过价值估计、风险控制、资源管理、利益分配等价值运动元流程而形成的有机整体。

（二）智能会计的宏观作用

传统的宏观经济运行与企业微观活动之间是沿着"宏观经济政策制定—企业决策行为—企业微观数据产出—宏观经济指标产出"这样的循环体系建立联系的。首先，国家通过制定宏观经济政策对市场进行调节，企业为适应国家经济发展的总体趋势、满足市场需求，需要改变自身生产和投资等行为活动，对企业战略决策进行调整；其次，企业的决策行为改变企业生产经营策略，进而对相应的微观数据产出带来影响；再次，企业的微观产出汇聚成为国家宏观经济产出的重要组成，根据企业微观数据测算国家宏观经济指标总体情况；最后，宏观经济数据反映我国整体的经济运行情况，国家经济政策根据经济运行情况进行调整、优化，实现宏观调控目的。

政府经济调控的科学决策依赖于全面、精准、及时的基础经济数据。在传统的宏观和微观活动的循环中，一方面，由于企业对国家政策的反馈相对延时，只能通过企业事后产出估计和判断经济政策的有效性，不利于政策的调整和优化，也不利于政策的监督和控制；另一方面，企业抽样数据库难免使数据存在片面、主观的局限性，政策执行的效果难以通过企业会计信息进行直接评价，宏观调控的高质、高效以及精准性亟待提升。

智能会计的发展使企业微观数据与宏观经济政策间建立起直接联系，利用大数据、云计算、区块链、人工智能等信息技术，可以对企业经济活动开展大范围数据挖掘、分析和处理，从而迅速识别企业微观产出，对政策的执行效果进行动态感知、实时监测，并第一时间进行反馈，及时对政策执行效果进行评估，进而调整、优化，最终完成全流程、全链条控制和监督（见图 9-1）。

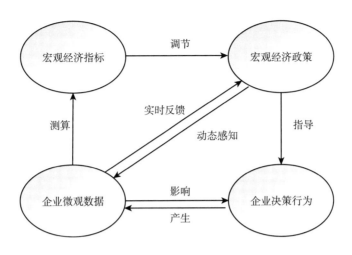

图 9 - 1 基于智能会计的企业微观活动与宏观经济作用

二、智能会计赋能财会监督新内涵

（一）财会监督的范畴

《会计法》规定，我国各级财政部门是会计工作的主管单位，财会监督应由财政部门作为主管部门，一方面，对企业生产经营活动进行全面监控和评价，通过资金流和财务报表的监督，保证会计信息质量，确保企业各项活动合法、真实、有效；另一方面，对国家各项政策的落地实施情况进行跟踪反馈和有效评估。财会监督的范畴目前仍有待官方权威界定，从监督类别来看，财会监督分为财政监督、财务监督和会计监督；从监督主体来看，分为企业、行政事业单位内部监督和政府监管部门外部监督；从监督范围来看，包括事前、事中和事后监督；从监督时间来看，分为日常监督和专项监督；从监督形式来看，包括现场监督和非现场监督等。本章立足企业微观和宏观价值运动流程，从企业内部监督与政府监管部门外部监督相融合，到企业微观会计信息质量与国家宏观经济政策调控相统一的视角展开研究。

（二）财会监督在宏观与微观领域的体现

企业的微观活动反映了国家宏观经济运行情况，企业微观数据构成了国家宏观经济指标,因此,财会监督一方面是监控企业会计信息质量,防范企业内部风险,为企业战略决策提供依据,为国民经济运行提供基础数据支撑,从而如实反映国家经济运行状态;另一方面是为了掌握宏观政策执行情况,包括政策传导、落地,政策绩效评估及反馈等,从而及时对政策进行调整、优化,辅助政府科学决策。可见,财会监督是企业微观内部监督与国家宏观政策监控的有机结合,也是企业内部监督与政府部门外部监督的协同共治。

(三) 现有财会监督存在的问题

1. 从企业内部监督来看,重事后监督,轻事前预警、事中控制情况严重

尽管近些年企业内审、内控机制逐步完善,但大多数企业仍然处于被动式的事后监督模式,主要体现在注重事后审计,企业事前监督和事中控制机制不足或落实不到位的情况依然存在,如虽然有制度建设,但缺乏制度落地和结果反馈与评价等。企业往往存在重会计核算、财务管理,轻日常监控预警的现象。

2. 从政府外部监管来看,各监管部门之间缺乏有效的财会监督协调机制,没有形成监管合力

政府监管主体多元,虽然以财政部门为主要责任单位,但是由于监督业务存在职能交叉问题,财政、纪检、审计、证监、银保监、央行、税务、国资等政府部门也在行使相应的监督职能,各监督主体间各自为政、协调不畅、标准不一、共享不足、惩罚力度不同,导致监督覆盖既有重叠又有真空,既存在重复检查、监督资源浪费,又存在监管漏洞、监管效果受限的困境。

3. 从监管手段来看,企业信息化建设不均衡,未形成全面有效的数据治理局面

在数字化发展的进程中,虽然企业经历了会计电算化、会计信息化、智能会计的演变更迭,但是各企业在数字化转型过程中取得的成效却不尽相同,数字化水平参差不齐。虽然有些企业在系统更新、预决算管理及财务管理等方面逐渐引入新技术助力,但在财会监督环节的信息化水平仍有待提升。同时,数据作为新的生产要素理应发挥的作用并没有完全显现,数据流、资金流和业务流并没有实现深度融合

和有效贯通，数据治理局面尚未打开。

（四）智能会计发展为财会监督赋予新内涵

智能会计的发展为财会监督赋予了新内涵，大数据、云计算、区块链、人工智能等新技术的引入与融合意味着新的监管方式与效能，企业内部监督与政府部门外部监督都将沿着更深、更广的路径延伸。

1. 实现事项驱动向数据驱动转变的新模式

传统财会监督的对象是交易、业务和事项等，通过对交易事项的多维度监测和控制进行监督难免存在监管漏洞问题。在智能会计系统下，企业数据资源得到最大程度的共享与共治，打破数据壁垒，能够做到企业各项数据"一盘棋"，有效避免因数据流动性偏差而产生的经营风险和财务风险，同时借助大数据分析技术可对企业全部数据进行实时动态监管，避免因人力不足进行抽查监管导致的监督片面和监督漏洞，为企业战略决策提供场景全息信息和事项细粒度管理支撑，扩充财会监督的广度和深度。

2. 实现企业微观监督与国家宏观政策监管的动态统一

微观财会监督主要体现在企业业务、资金、数据流动的全过程中，在经济活动发生的同时，对其合规性和效用进行监督；宏观财会监督主要体现在政策应用的绩效评估与反馈优化上。智能会计可以弥补传统财会监督微观与宏观协调不畅、效用延时等不足，实现微观财会监督和宏观财会监督的动态融合。对于在微观经济活动中发生的异常现象，可以做到实时监测，并评估其对宏观经济秩序的影响程度，作出科学合理的研判；宏观财会监督的相关举措可以借助智能系统实现直达微观主体的贯彻和落实，有效保证上下贯通一致。

3. 实现企业内部监督与政府外部监督的协同

智能会计依托强大的数据采集、分析功能，统一企业内部会计信息系统，确保企业在集团内部实现同一账务体系和数据标准，并进行实时监控、动态分析与共享整合，为企业内部监督与政府部门外部监督提供完整、真实的会计信息，从根本上杜绝多套财务报表和账簿的舞弊空间，避免企业利用"数据烟囱"漏洞在不同监管部门间进行的套利行为，保证企业基础数据的一致性，为财会监督提供可信、可靠的数据基础。

4. 实现事前、事中和事后全流程监督管控

智能会计利用大数据和人工智能技术，可以实现企业财务管理、会计核算、会计信息披露全业务全流程监控；利用信息化手段对预算编制、合同会签、原始凭证审核、记账凭证检查、银行对账、重大事项审批等开展事前、事中监督，通过模式识别、模拟推演开展风险量化、智能预警，有效预判风险点，辅助企业科学决策；从技术上保证财会监督的全流程开展，实现财会监督从事后监管、专项监管向常态化和日常监管转变。

三、以智能会计为基础构建智能财会监督体系

智能会计从治理基础、技术手段、监管方式等多维度为财会监督带来变革，数据驱动的财会监督可以从根本上杜绝舞弊可能，防范风险，实现智能资源配置和科学决策。同时，企业数据的精准性和一致性，能够保证企业内部监督和政府外部监督保持协同、共享、共治，从而沿着"数据治理—协同共享—财会监督"的路径，实现基于"数据驱动—智能分析—决策披露—控制反馈"循环的财会监督数字化、智能化转型（见图 9－2）。

（一）数据驱动是实现智能财会监督体系的治理基础

企业在生产经营活动中，产生了大量结构化与非结构化数据，这些数据经过动态感知、标准化处理、清洗加工后汇聚成为企业的数据资产，越来越多的企业认识到数据资产的重要作用并将其上升到企业战略高度。一方面，通过对数据资产的有效治理，可以保证企业基础数据全面、精准，作为财会监督的主要对象，为财会监督提供了坚实的数据保障；另一方面，高效的数据治理生态也为财会监督实现全流程全业务监管提供了数据支撑，充分利用智能化转型带来的数字红利。

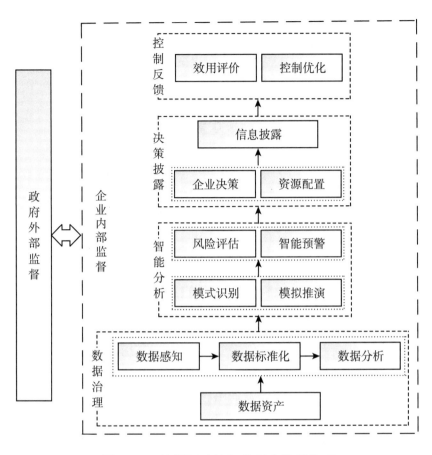

图 9 - 2　数据驱动的智能财会监督体系

（二）智能"决策—控制"循环是构建智能财会监督体系的核心要素

智能会计的"控制—决策"循环体现了价值管理实现的基本过程，通过控制措施保证决策目标的实现。"控制—决策"循环通过对价值运动过程的感知、分析、判断、决策、控制等活动来保证决策目标的实现（杨周南，2020）。"控制—决策"循环也构成了智能财会监督体系的内核，即"数据驱动—智能分析—决策披露—控制反馈"的循环机制。首先，企业价值运动的过程中，对数据进行智能感知、捕获和存储，构成企业数据资产集；其次，借助大数据、人工智能等技术对数据资产和企业行为进行实时监控和模拟推演，从而开展科学有效的风险评估，对于潜在的风险点可在事前完成动态预警，进而有效防范风险；再次，企业根据推演、预判结果进行战略决策，有效实施资源配置，并根据相关法律法规对企业会计信息进行披露，接受政府监管部门、社会大众和中介机构监督；最后，根据效用评价和政策绩效评估反馈执行信息，从而调整决策部署、优化政策方案，实现企业微观监督与政府宏观监管的有机统一。

（三）企业内部监督与政府外部监督协同共享是智能财会监督体系的执行目标

在"数据治理—协同共享—财会监督"的路径下，企业内部监督与政府外部监督的协同共享既是实现财会监督的目标，也是长期以来制约财会监督建设发展的瓶颈。在智能财会监督体系框架下，依托数据共享与标准化接口的应用，企业内部系统与政府部门监管系统可实现动态对接，企业内部"控制—决策"循环的监管流程可无缝对接政府部门的外部监管，真正意义上打破数据壁垒，实现会计信息公开透明，挣脱现有监管不畅的制约，开启协同共治的财会监督新格局。

（四）数字技术是智能财会监督体系的安全保障

会计监管信息共享的前提是数据安全，5G 网络基础设施建设为网络安全带来了新挑战。在保障企业信息安全的情况下，依照相关法律法规的要求，分级次、分权限赋予监督主体相应的检查权限至关重要。在安全技术层面，智能会计的技术基础能够构建健全的安全防护体系，分级布设相应的安全设施，确保企业数据和用户数据的隐私安全。在安全管理体制机制层面，智能技术的全流程管控能够满足边界明确、权责清晰的安全管理制度要求，明确安全职责及边界，实现精细管理、技术支撑、监督检查、绩效考核的安全工作闭环管理，确保安全管理常态化。

（五）智能财会监督体系有效提高了财会监督的效率和质量

大数据时代，监管信息的数据体量呈指数级增长，传统的以人力为主导的监督方式越发难以应对复杂的企业数据与流程，抽样式监管带来的监管漏洞问题难以避免。随着数据共享云平台和多监督主体间协作的逐步完善，财会监督向人机一体化阶段的过渡已经具备了数据和管理的基础（黄长胤，2020）。深度学习等认知层次的人工智能技术在智能会计中的应用，可有效建立由智能机器和人类专家共同组成的智能监督系统。通过深度分析企业内部业务数据和社会外部数据，可有效映射不同企事业单位间的潜在社会经济联系，解决人工分析缺陷，人机融合的监督模式极大提高了财会监督的效率和质量。

四、深化智能财会监督发展的对策建议

智能会计的发展为财会监督带来了新的驱动力，深化智能财会监督体系建设，是完善我国监督体系发展的重要组成，也是实现我国国家治理体系和治理能力现代化的内在要求。《中共中央关于制定国民经济和社会发展第十四个五年规划和二〇三五年远景目标的建议》强调，要完善党和国家监督体系。以发力政企结合新基建为契机，在国家监督体系引领下，财政部门应继续推进法律法规建设和制度落实、强化主体责任、提升数据治理效能、统一数据标准、打造财会监督共享平台、深化智能财会监督发展。

（一）加强智能财会监督法律法规建设，强化治理主体责任

当前我国财会监督主体较多，各监督主体依据各自法律法规执行监督活动，如审计署根据《中华人民共和国审计法》开展审计监督。会计工作的主管单位是各级财政部门，从法律上说，《中华人民共和国预算法》《中华人民共和国政府采购法》《中华人民共和国会计法》《中华人民共和国注册会计师法》等法律分别赋予财政部门财政监督权和会计监督权；从行政法规上来说，《基本建设财务规则》《企业财务通则》《金融企业财务规则》《行政单位财务规则》《事业单位财务规则》等部门规章赋予财政部门财务监督权（周卫华和高天美，2020）。因此，理应由财政部门牵头，协调其他监管单位开展财政监督、财务监督和会计监督工作。财会监督法律法规分散于各政府监管部门，不利于监管工作的统筹与协调。建议统筹推进财会监督法律法规体系建设，明确监督主体责任，加强财会监督工作分工协作。应由财政部门作为财会监督的牵头部门并发挥纽带作用，厘清财会监督过程中各主体的角色定位，强化不同财会监督主体间的分工合作，建立财会监督协调配合机制，打通监督

体系中的不畅环节，提升监督体系整体效率。由财政部门联系审计署、人民银行、银保监会、证监会、税务部门展开联合检查，避免出现数据治理中各部门"九龙治水"局面，节约财会监督资源，提升工作效率，形成监督合力。

（二）摸清数据家底，提升数据治理效能

我国财政部门应充分利用大数据、云计算和人工智能等信息技术，将财会监督体系建设与智能化工具深度结合，充分挖掘企业内部与外部结构化与非结构化数据，形成数据资产，摸清数据家底，以数据治理驱动财会监督，进一步提升数据治理效能；继续加大财会监督数据挖掘力度，扩宽数据采集范围，实现财会监督数据采集全覆盖，夯实数据采集基础；在全方位采集数据基础上，依据各类数据自然特征、业务特征、使用特征分门别类建立数据治理标准，匹配相应的智能会计数据分析模型，形成"让数据说话，让数据决策，让数据监督"的治理机制，更好地反映被监督对象的行为实质。

（三）统一数据报送标准，打造财会监督数据共享平台

标准化上报数据信息是有效开展财会监督管理的基础。我国财政部门应建立智能会计标准化监管流程，规范会计核算、编制财务报告、执行会计制度等会计行为，杜绝账簿舞弊空间，形成监督主体可用、社会广泛认可、国际标准接轨的有效会计信息；在会计信息标准化的基础上，打造财会监督数据共享平台，对有效会计信息加以利用处理，形成在不同时期、不同主体、不同应用场景之间具有一致性、可比性的智能会计报告，确保税务、审计、统计、金融、证券监管、国资监管等职能部门依法获取规范一致的财会信息，使上述监督部门对有关对象经济行为实施监督检查时，掌握标准化数据信息，促进监督管理的有效开展。同时，通过监督共享平台，可以实现不同监管单位监督结果互联互通，一方面可以重点监督问题企业，防范风险；另一方面可以同时避免监管重复和监管漏洞，节约监管资源，提高监管效能。

参考文献

[1] 韩向东，余红燕. 智能财务的探索与实践 [J]. 财务与会计，2018（17）：11 – 13.

［2］黄长胤．智能技术在财会监督中的应用［J］．市场周刊，2020，33（12）：76－77＋144.

［3］刘梅玲，黄虎，佟成生，刘凯．智能财务的基本框架与建设思路研究［J］．会计研究，2020（3）：179－192.

［4］刘勤，杨寅．智能财务的体系架构、实现路径和应用趋势探讨［J］．管理会计研究，2018，1（1）：84－90＋96.

［5］刘尚希．更好发挥财会监督的重要作用［N］．中国纪检监察报，2020－07－16（007）.

［6］秦荣生．人工智能与智能会计应用研究［J］．会计之友，2020（18）：11－13.

［7］王爱国．智能会计：会计转型发展的方向［J］．会计之友，2020（9）：2－5.

［8］杨周南．基于会计管理活动论的智能会计研究［C］．武汉：中国会计学会第十九届全国会计信息化学术年会，2020.

［9］张庆龙．智能财务研究述评［J］．财会月刊，2021（3）.

［10］周卫华，高天美．数字财会监督体系构建的探讨［J］．财政监督，2020（16）：12－16.

后　记

　　数字化时代是一个大变革时代，中国财政科学研究院作为国家高端智库，具有深厚的财税研究积淀，要顺应数字化浪潮就要加快科研数字化转型，而用友集团在财政数字化领域具有多年的积累，双方通过"产学研"的紧密合作，能够实现数据资源与技术资源的有机对接，为中国数字财政建设作出积极贡献。2019 年 8 月 28 日，中国财政科学研究院与用友集团签署了战略合作协议，随后组建了数字财政联合研究团队，在双方领导的指导下，共同开展相关领域的专题研究。本书凝聚了双方研究人员的心血和汗水，是战略合作的阶段性成果，在这里，要衷心感谢双方的领导及专家团队的共同努力！

　　数字财政作为理论与实务的新领域，需要更多的科研工作者、政府实务部门、企业部门共同参与，通过"政产学研"的一体化研究来产生高质量的研究成果。我们期待着双方未来的合作更加紧密，在数字财政研究领域不断取得新的突破，共同为中国财政治理现代化贡献应有的智慧。

中国财政科学研究院—用友政务联合课题组

2021 年 3 月

图书在版编目（CIP）数据

2020 年中国数字财政年度报告 / 刘尚希，王文京主编.
—北京：经济科学出版社，2021.4
ISBN 978 - 7 - 5218 - 2480 - 3

Ⅰ. ①2… Ⅱ. ①刘…②王… Ⅲ. ①财政管理 - 数字
化 - 研究报告 - 中国 - 2020 Ⅳ. ①F812 - 39

中国版本图书馆 CIP 数据核字（2021）第 060995 号

责任编辑：齐伟娜 初少磊
责任校对：刘 娅
责任印制：范 艳 张佳裕

2020 年中国数字财政年度报告
刘尚希 王文京 主编
经济科学出版社出版、发行 新华书店经销
社址：北京市海淀区阜成路甲 28 号 邮编：100142
总编部电话：010 - 88191217 发行部电话：010 - 88191540
网址：www. esp. com. cn
电子邮箱：esp@ esp. com. cn
天猫网店：经济科学出版社旗舰店
网址：http://jjkxcbs. tmall. com
北京季蜂印刷有限公司印装
787×1092 16 开 10.75 印张 190000 字
2021 年 5 月第 1 版 2021 年 5 月第 1 次印刷
ISBN 978 - 7 - 5218 - 2480 - 3 定价：46.00 元